GRAPHIC RECORD

考えを整理する・伝える技術 グラフィックレコード

渡邉俊博
Watanabe Toshihiro

フォレスト出版

まえがき

あなたは絵やイラストを描くことが得意でしょうか？

おそらく、本書を手にした読者には２つの傾向があると思います。

１つ目はある程度得意なので、それをビジネスなどに活かす方法を知りたいという人。

２つ目は、得意ではなく、むしろ苦手意識のほうが強いものの、最近流行のグラフィックレコード（グラレコ）に興味がある人。初心者向けの超入門書であれば自分でも少しはついていけるのではないか、といった期待があるはずです。

インプットだけではなくアウトプットも

本書はいずれの読者のニーズにも応えるために書きました。次ページに記したビジネスにおけるさまざまな場面で活用できるスキルを身につけることができます。以前に増して仕事が楽しく、効率的になります。そして考えをわかりやすく整理し、相手に伝えることができるようになります。

一般的に「グラフィックレコーディング」とは、会議などにおいて議論をホワイトボードなどに可視化して記録するファシリテーターのスキルのことをいいます。しかし、それ

グラフィックレコードでできること

グラフィックレコード＆ファシリテーション

グラレコは議論している内容を、ホワイトボードなどにイラストや線を使って見える化する手法です。

ブレインストーミング

会話だけではなかなか伝わらない微妙なニュアンスも、見える化することで共有することができます。

資料の内容理解

文字だらけの情報を図やイラストで表現することで、内容理解度が格段に上がります。

論理的思考

言葉や文字だけに頼って問題を解決しようとするのは限界があります。状況を図や表、グラフなどにすることで、物事がより客観的に見え、論理的な判断を下すことができるようになります。

企画・資料作成

同じ内容の企画書だとしても、文字だけのものとイラストなどのビジュアル要素を使ったものを比べれば、後者のほうが「読みやすい」「楽しそう」とひと目で感じてもらえるはずです。

プレゼン・営業

手描き表現ではありませんが、プレゼン資料を作成する際に使うパワーポイントでも、グラレコの手法を活用できます。デジタルデバイスでもグラレコを活用することで、より表現の幅が広がります。

まえがき

はグラフィックレコードの一側面しか見ていない、非常にもったいない解釈です。

　グラフィックレコードは主に「見える化する」「記録する」というインプットの側面が強調されていますが、そのスキルを使ったアウトプットという特徴が過小評価されているからです。

　ただ記録するだけであれば、ホワイトボードに箇条書きしたり、議事録でも十分その役割を果たすことができます。

　しかし、グラフィックレコードは、出席するメンバーの意見を可視化することで、参加意識を高め、より早く、誰もが理解・納得しやすい結論を導き出すアウトプットの技術でもあるのです。

つまり、考えを整理する技術（インプット）と伝える技術（アウトプット）の両面の特徴を持ち、相互理解を正しく深め合うことができるのがグラフィックレコードなのです。

つまり、グラフィックレコードのスキルは会議のみで発揮されるものではありません。

わかりやすいのは1対1のブレインストーミングの場面。ノートを開いてお互いの意見を見える化することによって、正しい相互理解が深まり、生産的で活発な議論を生み出します。

そして見える化する技術を企画書やプレゼンテーション資料に応用することもできますし、自分の頭の中にあるもやもやとした言葉にできない思考を具現化できるようにもなります。

絵心がなくても大丈夫！

そうは言っても、そもそもグラフや表、イラストを描くこと自体に苦手意識を持っている人にとっては、本当に自分に描けるのだろうか？　と、その効果に期待を寄せる以前に、まずは不安が先立つはず。

グラフィックレコードがブームになっていることもあり、関連書籍も数多く出はじめています。それを開くとプロが描いた色鮮やかでキレイなイラストが満載です。あこがれはするものの、「とてもじゃないが自分には無理」と感じてしまう人は多いのではないでしょうか。

しかし、普段のビジネスや生活の中で、高いクオリティのイラストは必要ありません。むしろ、キレイに描くことが目

的化していることの弊害を感じることさえあります。

　第3部で詳しくお伝えしますが、○△□の3つの形さえ描ければ、あらゆるイラストを描くことだってできます。図やイラストもちょっとしたコツやパターンを覚えるだけで見違えるほど上達するので、どんどん楽しくなっていくことでしょう。

「学ぶことが可能性を広げる（人を自由にする）」とはよく言われることです。知識は人生を切り開く武器になるのですか

○△□の3つだけで多くの造形を表現することができます。自転車もこのとおり。

逆に、多くの造形を○△□に分解することができます。こうした視点を持つことで、普段目にしているさまざまなモノをシンプルに描くためのヒントを得ることができます。

ら当然ですよね。

では、図やイラストを学ぶこと、そしてそれを描くことの恥ずかしさや苦手意識をなくすことができれば、何につながるでしょうか。それは自分の思考をよりわかりやすく表現でき、コミュニケーションの幅を広げることです。本書をお読みいただければ、そんな実感を得られるはずです。

たった 90 分で
劇的ビフォー・アフター

私は定期的にグラレコ講座を開催しています。

たまにプロのイラストレーター並みのスキルを持つ人もいらっしゃいますが、参加者のほとんどはグラレコに苦手意識があり、実際にお世辞にも上手とは言えない人ばかりです。それでも、自分のビジネスや日常の学びに役立つかもしれないという期待と向上心を持って参加してくださいます。

講義はたった 1 回、しかも 90 分。それだけではほとんど成果は出ないだろうと思われるでしょう。参加者も半信半疑

基本をマスターすることで、自分の絵とは思えないほど進化したビジュアル表現ができるようになります。しかも、時間はほとんどかかりません。

です。ところが90分後、ビフォー・アフターがはっきり見て取れるほどにスキルが上達します。参加者自身が驚きます。

　本書ではこの講座で伝えていることを中心に、可視化する技術の知られざる多様な用途と基礎的なスキルについてお伝えしていきます。

　ビジネスが以前にも増して効率的になり、日常をより楽しむためにも、読者のみなさんには、ぜひ本書からグラレコのスキルを学んでいただくことを願ってやみません。

考えを整理する・伝える技術
グラフィックレコード
もくじ

まえがき ………………………………………………………… 3

たった90分！グラレコの劇的ビフォー＆アフター ……… 22

第1部 GRAPHIC RECORD
イメージを形にすることのメリットとは？

1 - 1
グラフィックレコードでコミュ力強化
言語情報より影響力が強い非言語情報 ……………………… 32

1 - 2
グラレコを使ったファシリテーションで
決まらない会議や無駄な会議がなくなる …………………… 39

1 - 3
図や絵で表現すると
論理思考力が身につく ………………………………………… 48

1 - 4
アウトプット能力が伸び、
言葉にできないものも見える化できる ……………………… 53

1 - 5
グラレコブームの背景とは？
「形にできる」は個人と組織の武器になる ………………… 57

1 - 6
上手な人ほどやってしまう!?
間違いだらけのグラフィックレコード ……………………… 62

第2部 GRAPHIC RECORD

グラフィックレコードの基本型を覚えよう

2 - 1
これだけはおさえておきたい
グラレコの4つのフォーマット …………72

2 - 2
ランダム式
フリーディスカッションに最適 …………74

2 - 3
放射式
テーマをサブテーマで分解 …………80

2 - 4
カテゴリー式
部署の垣根を超えたプロジェクト進行に最適 …………83

2 - 5
ステップ式
プロセスや予定を明確化 …………86

2 - 6
問題を簡単に見える化！
グラレコで使える11の図解ツール …………90

2 - 7
インフォグラフィックスのスキルを
グラレコに活かそう！ …………105

2 - 8
やってみよう！
1冊の書籍の内容を1枚で表現する …………112

2 - 9
やってみよう！
1回の講義の内容を1枚で表現する………………121

2 - 10
やってみよう！
グラレコ練習に最適のタイムスケジュール…………125

第3部　GRAPHIC RECORD

絵心がなくても描ける！
○△□イラスト講座

3 - 1
言語表現からイメージ表現への
変換能力を高めるレッスン…………………………130

3 - 2
描きつづけていると、
自分なりのイラストのスタイルが見えてくる…………135

3 - 3
やってみよう！
5秒ルールで付箋イラストに挑戦…………………141

3 - 4
やってみよう！
○だけで描くイラスト………………………………144

3 - 5
やってみよう！
△だけで描くイラスト·······147

3 - 6
やってみよう！
□だけで描くイラスト·······150

3 - 7
やってみよう！
○△□の組み合わせで描くイラスト·······153

3 - 8
やってみよう！
伝わりやすい表情の描き方·······155

3 - 9
やってみよう！
伝わりやすい全身の描き方·······159

3 - 10
グラレコの流れを生み出す
矢印や線の使い方·······165

3 - 11
街を見渡して挑戦！
伝わりやすい建物・乗り物の描き方·······168

3 - 12
フキダシの種類を覚えると
感情表現が豊かになる·······171

3 - 13
タイトル回りをカッコよく見せる
ローマ字の使い方·······173

3 - 14
使える共通認識
グラフィックスを探す 175

3 - 15
やってみよう！
ストーリーの見える化のレッスン 177

装丁・本文デザイン──河村誠
イラスト・図版作成──渡邉俊博
DTP──────フォレスト出版編集部

グラレコのサンプル1

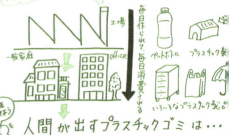

マイクロプラスチックについてのシンポジウムをグラレコしてみました。
2050年には、海に生息する魚の総量をはるかに超えるプラスチックゴミが海に流出する
事実を伝えるために、世界最大の生物であるシロナガスクジラを題材に比較してみました。
生息数、1日の食事の総量など、数値化したデータとプラスチックの流出する現状を図解
して説明しています。

海への流出 → 470万〜1270万t (中間 800万t)
プラスチック → 総重量 2億6500万t
= 1.8〜4.8% (470万 ÷ 2億6500万t × 100 = 1.8%)   海に流出する
中間 800万t = 800万 ÷ 2億6500万t × 100 = 3% = 10億トン
2050年まで 330億t   全世界の魚の量 約8億t

不法投棄   無関心   降雨   流出 河川から海へ
堆積(誤飲)

〜 シ ロ ナ ガ ス ク ジ ラ 〜

・世界の海に約 400〜1,400 頭が生息
・1日 3.5t のオキアミを消費 = 約 44万匹
・人間の1日の食事量   約 2,957g
                         ×3食で 約 1,167人分

シロナガスクジラ = 約 200t
の体重

約 1,500,000 頭
        に匹敵

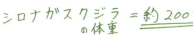

グラレコの
サンプル2

In Summer Vacation ☀

JAPAN'S PARADISE

~Design

PERFECT

三おは発

今日の着衣

スエット
Tシャツ
日よけ用パーカー
サングラス
マリンブーツ
ビーサン
帽子

海岸散策&スキンダイビング

お食事

Break farst
サンドウィッチ&コーヒー

Lunch
ソーキそばとジュージー

First da

Dinner
ステーキ&ビール

De

遊びの予定は入念に!!

KAYAK

Attraction

今日の着衣

Tシャツ
日よけ用パーカー
サングラス
帽子
海パン
ビーサン

海がメインの日

お食事

Break farst
ブッフェスタイル

Lunch
ピッツァ&ポーク

Dinner
ワイン&オードブル

Da

Marine Diving

今日の着衣

スエット
海パン
サングラス
Tシャツ
帽子
パーカー
ビーサン

海と散策

Break Farst
ブッフェスタイル

Lunch
パンケーキと紅茶

お食事

Dinner
フレンチスタイル

Da

Gパン
Tシャツ
スニーカー
パーカー
サングラス
キャンプ
ビーサン

おいしいパン屋さんのサンド

Break Farst

Lunch
ブッフェスタイル

お食事

Dinner
ソーキそばと空港で食

→ 🚗 Haneda Airport ✈ → N

3泊4日の沖縄旅行に行く前に、入念なスケジュールを立て、それをグラレコでまとめました。デジタルにデザインされたものと比べて温かみを感じませんか？ 地方の温泉旅館に行くと、たまに独自の手描きパンフレットが置かれていることがありますが、手に取らせる味わいがあります。また、修学旅行のしおりも、先生や生徒が手描きで一生懸命つくったものが多く、ワクワク感がたまりません。イラストは、第3部で解説している○△□を組み合わせたり、それを応用して描けるものばかりで、コツさえ掴めば見た目以上に簡単に描けるはずです。

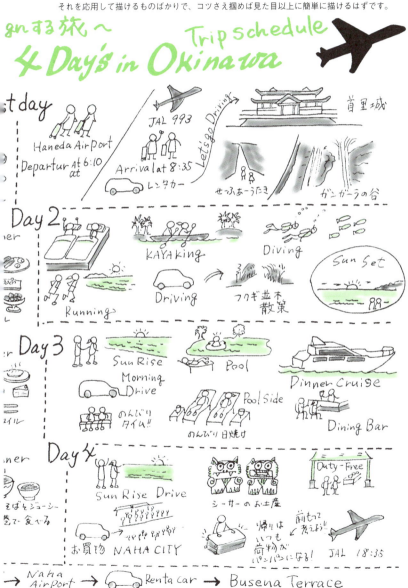

グラレコのサンプル3

AIをテーマに激論をした「朝まで生テレビ！」の内容をグラレコしてみました。正直、私はこの分野に関しては門外漢なので、意見の対立を見せたり、議論の発展の様子を深掘りするといった、立体感を出すまでには至りませんでした。したがって、各パネリストの印象に残ったコメントを、強弱をつけずにフラットに並べています。これを入り口にして、関連書籍などを読みつつ知識を深めていこうと思います。

たった90分！

グラレコの劇的ビフォー&アフター

　私が主催しているグラレコ講座は、全1回の指導です。「たった1回？」と思われるかもしれませんが、受講生のみなさんは一様に、講義の終わるころになると上達を実感されます。

　信じられない、自分にはイラストは無理という人のために、本編に入る前に実例をお見せします。ちなみに、講義の時間はたった90分。ビフォー・アフターと上達の過程がわかるように、講座の流れに沿って成果物を並べて解説しましょう。

受講生の長谷川さんの場合

　小学校を卒業して以来、なかなか絵を描く機会がなく、イラストに全然自信がない男性。たしかに、当初はお世辞にも上手とは言えないレベルでしたが、受講開始から90分後には自分でも驚くほどの進化を遂げていました。

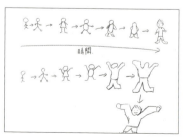

❶
まずは「棒人間」からスタート。それがより人間っぽくなるまでの流れを描いてもらいます（上部は私が板書したものを長谷川さんが描き写したもの）。○や□、雪だるま型、ボーリングのピン型などのわかりやすい形を用いながら、棒人間に肉付けをしてもらいます。

 男性と女性を描き分ける練習です。左の2列は男女それぞれを○△□で、その後、右2列でそれをもう少していねいに表現してもらいました。スカートを描くことで女性だと視認させるなど、工夫が見られます。

表情や、ポーズ、髪型の練習です。

既存のピクトグラム（絵文字）を参考にしつつ、○△□の3つで描く造形の練習です。○はりんごをスタートにスイカやメロンに、△はイチゴからダイコン、□はスマホやPCに発展していきました。また、3つの形を組み合わせてできる造形も考えてもらいました（自転車や電車、鉛筆など）。

たった90分！グラレコの劇的ビフォー＆アフター　23

表情＋フキダシの練習です。組み合わせ次第で多くの感情を表現できること、そして的確に感情を伝えるには、どのような組み合わせがベストかを学んでもらいます。じつはこの段階で、受講生の長谷川さんに大きな気づきがあったそうです。それは、顔の輪郭を○にするよりも□にするほうが自分にとって描きやすいということ。「自分なりのイラスト」を手に入れるための大きなブレイクスルーです。

情景を描くための要素をいくつか描いていただきました。この時点では大きさはバラバラ、遠近感もありません。

空間表現を意識して、情景を描いてもらいました。前ステップよりも遠近感や対比が見られるようになりました。

お題に対してイメージを描写するワークをしてもらいました。お題は本書177ページのものと同じです。

講座の感想をグラフィックレコードでまとめてもらいました。たったの90分で最初のステップの棒人間とは見違えるほどクオリティが高くなっています。

受講生の石川さんの場合

　特に練習をしたことがあるわけではないそうですが、最初に棒人間からの進化を描いていただいた段階で抜きん出て上手だった女性です。

　とはいえ、不得意としているところもありました。それは俯瞰で見るような状況描写です。登場する人物や事物同士のバランスがちぐはぐになりがちでした。その点に注意しながらレクチャーを進めた結果、説明的な状況描写がだいぶ上達しました。

イラストを書いたことがある石川さんは、人を描くことには馴れています。男女の違い、年齢層の描き分けもお手のもの。顔の表情も豊かです。

内容を理解してビジュアルに落とす技術についてもはじめから持っています。

❸

普段見ているものと、見ていないものを比べると、少し表現に差があります。家やビルなどはいろいろなタイプが描かれ、工夫もありますが、木々についてはパターン化していて、それぞれの木の特徴があまり見えません。

❹

物事を俯瞰したようなイメージを描く表現は苦手とのこと。人物同士の対比や遠近感はよいのですが、その他のバスや建物との遠近感がもうひとつうまく表現できていないのではと感じます。

❺ シンプルに人物同士や事項と事項の関係性を、誰が見ても間違いがないように表現することが大切です。

❻ 意外なことに○△□をベースにして、さまざまな造形を描き分ける方法については考えたことがないらしく、しきりに感心していました。

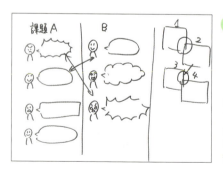

❼ グラレコ特有のまとめ方についても学んでもらいます。こうしたチャートを描くことを意識したことがなかったらしく、悪戦苦闘していました。

177ページで取り上げているワークの結果です。課題に対してうまくまとめていると思います。上はワンシーンを複数のコマに分け、下は1つのコマで描いています。ホワイトボードへ板書するリアルタイムのグラレコでは、時間が限られているので、下のように1コマで描く技術が要求されます。

ただ、人物像をうまく表現できるゆえに、人にフォーカスが行きすぎている印象です。もっと俯瞰して場所や時間などを示すものなど、全体像が描けるとメリハリが出て、より伝わりやすいビジュアルになるはずです。もちろん、ある程度描ける人だからこその要求であり、グラレコ初心者の方なら十分すぎるクオリティです。

はじめてのグラフィックレコーディングについて、感想をグラレコでまとめてもらいました。もともと持っていたイラストのスキルに、「伝える・伝わる表現」をプラスしたことで、グラレコへの自信を深めたようです。豆電球やタマゴといったグラレコの定番アイテムも効果的に用いています。また、他の参加者の存在も刺激になったそう。

第1部

GRAPHIC RECORD

イメージを形にすることの
メリットとは？

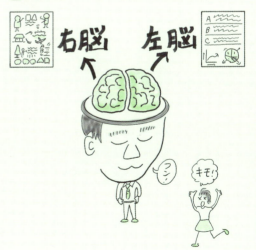

1 - 1

グラフィックレコードでコミュ力強化
言語情報より影響力が強い非言語情報

　本書の「まえがき」でも簡単に触れましたが、グラフィックレコードにはさまざまな効果や用途があります。第1部では、知られざる効果も含めて深掘りして解説していきます。

　とにかく早くスキルを覚えたいという読者は一気に第2部にワープしていただいても OK ですが、やはりメリットをしっかり理解しないことにはモチベーションも上がらないものですし、メリットを知ることでスキルの用途の幅も自身でカスタマイズできるようになるものです。

言語と非言語のハイブリッドなコミュニケーション手法

　一見すると結びつかないかもしれませんが、最初に紹介したいのがグラフィックレコードとコミュニケーション能力の関係です。見える化する技術は、コミュニケーションをより円滑にしてくれるのです。

　それを語る前に、まずはコミュニケーションの本質について考えてみたいと思います。

　コミュニケーション手段は大きく2つに分けられます。それがバーバル（言語）・コミュニケーションとノンバーバル（非

| バーバル・コミュニケーション | ノンバーバル・コミュニケーション |

言語)・コミュニケーションです。前者は文字や音声を使ったもの、後者はそれ以外の表情や声のトーン、ジェスチャー、服装などのモノやビジュアル要素を使ったコミュニケーションです。それぞれに一長一短はありますが、グラフィックレコードは図表やイラストをメインに使って視覚に訴えるノンバーバル・コミュニケーションです。文字（バーバル・コミュニケーション）はあくまでも補足的に用いる技法です。

　その意味で、バーバル・コミュニケーションとノンバーバル・コミュニケーションの両方の要素を併せ持ったハイブリッドな手法ともいえるのです。

相手に文字よりも多くの情報を伝えられる

　ノンバーバル・コミュニケーションの重要性について語るときに、必ず参照される法則があります。それがメラビアン

の法則です。

　1970年代にアメリカの心理学者、アルバート・メラビアンが提唱した概念で「3Vの法則」や「7・38・55のルール」とも呼ばれている法則です。

　これは情報の送り手が受け手に与える影響について、言語情報、聴覚情報、視覚情報のそれぞれの割合を調べた実験から生まれました。その結果とは、言語情報7％、聴覚情報38％、視覚情報55％というものでした。

メラビアンの法則によると、受け取る情報の90％以上が言語情報以外とのこと。しかし、現状のビジネスのような場においては、言語に頼る割合のほうが高いのではないでしょうか。そこで、グラフィックレコードといった見える化するスキルを役立てたいところです。

つまり、相手に与える影響力は、言語情報は全体の1割にも満たず、90％以上が目や耳から入ってくる情報（ノンバーバル・コミュニケーション）によるものなのです。その中でも、グラフィックレコードに代表される視覚情報の影響力の大きさは情報伝達手段の半分以上を占めています。

コミュ力を飛躍的に上げることができる

　よくコミュニケーション能力を上げたい、コミュ障を直したいといった声があります。メラビアンの法則に従えば、その能力を飛躍的に上げるには、ノンバーバル・コミュニケーションの能力を上げ、そのための技術を身につけることが大切なのです。

ノンバーバル・コミュニケーションを積極的に活用することは、情報をより多くの人に理解してもらえるということです（もちろん、だらしのない身だしなみなどのマイナス情報も、より伝わるようになるので注意しなければなりません）。

　それだけ大きく人に影響力を与えることができるということなのです。

　ですから、もしグラフィックレコードなどによるノンバーバル・コミュニケーションを駆使できれば、資料作成やプレゼンなどで自己の意見・提案により説得力をもたせることができるようになります。

　つまり、グラフィックレコードはビジネスのための最適なスキルの1つなのです。

日本人の性格に合った表現手法

　意外に思われるかもしれませんが、私はバーバル・コミュニケーションよりもノンバーバル・コミュニケーションのほうが、日本人が能力を発揮しやすいコミュニケーション手段と考えています。

　確かに日本人には欧米人のように、両手を広げて「Oh! No!」とボディアクションをする文化はありません。なにしろ恥ずかしいし、「No」の意思表示を直接的に相手になかなか言えないのが日本人です。

　それを相手に遠回しに悟らせ、折り合える地点を探らせ、「あうん」の呼吸で合意に至るという交渉法で生きてきました。

　つまり、場の空気を読むのが日本人は得意です。場の上下

海外旅行から帰ってくると、なんと日本人は大人しいんだろうと思うことがあります。だからといって、オーバーアクションが優れているというわけではありません。自分らしさを表現できればいいのです。

関係を言葉の端々や態度から瞬時に読み取ったり、自分だけが変に浮かないように TPO に応じてバランスを取ったりと、相手から言外の意図を察知する能力が優れています。社交辞令を「社交辞令だな」と思いつつも、相手の面子のために喜んで受け取れるほど敏感なのです。

それは「和」を重んじる文化の中で生きてきたからです。

最近ではマイナスの印象がついた「忖度(そんたく)」という言葉も、実はノンバーバル・コミュニケーションの能力が高くなければできないことです。

直接的な言葉ではなく、人格的な信義と互いに信頼し合うという奥ゆかしさを持つ日本人だからこそ、浮世絵や漫画な

どのビジュアル表現が発展し、世界的に評価されているのかもしれません。

　自己主張・自己表現が苦手というのは、日本人の一側面だけをとらえた幻想という見方なのです。

　そして、そうした日本人の特性を伸ばし、それに向いた交渉術を駆使できればベストです。実は、グラフィックレコードはそのためにぴったりの、非常に使い勝手のよいツールといえるでしょう。

　たとえば、なかなか直接的に相手に言いづらい内容でも、図やイラストを添えればトゲトゲしさが薄れたり、やんわりと伝えることができます。

1 - 2
グラレコを使ったファシリテーションで
決まらない会議や無駄な会議がなくなる

会議のデメリットが消える

　グラフィックレコードのメリットがもっともわかりやすく見えて、それゆえに広く使われるのが会議の場です。なぜなら、次のような典型的な会議のデメリットを消すことができるからです。

　◎声の大きい人の意見が通りやすい。
　◎いつまでたっても何も決まらない、意見がまとまらない。
　◎意見が出ない、出たとしても噛み合わない。

　なぜ、議論の内容を見える化するグラフィックレコードが、これらの会議の弊害を解消するのか、わかりますか？

会議の不健全さを可視化することで発言者が増える

　会議では声の大きい人（いわゆる決裁権を持っていたり、物怖じせずに発言する人など）の意見が通りやすいものです。
　また、強い意見を持つファシリテーターが主導権を握り、

結論ありきの進行がなされることもよくあります。

それが当たり前になっていたり、絶対的な権力者に対して誰も反対意見を言えない組織の状況というのは健全ではありません。

そんな場面では、発言とその発言者の名前を列記するだけでも多少の効果は見込めるでしょうが、グラフィックレコードを使ったほうが効率的です。グラフィックレコーダーが見える化しながら記録をとる環境をつくり出すことで、そうした問題をクリアできるのです。

ホワイトボードに発言者の似顔絵と名前、意見を描いてみ

描ける範囲でホワイトボードに参加者の似顔絵を描いてみましょう。あるのとないのとでは、参加者のボードに対する注目度が大きく変わります。

声の大きい人の意見が通る

社内で決定権を持っている役職者や、物怖じせずに発言する人の意見に人は流されがちであり、それは健全な議論とはいえません。声なき声を上手に拾い上げるのが会議であり、その運営の技法がグラレコなのです。

なかなか決まらない

結論がなかなか出ずに、会議が煮詰まったら最後、疲労もたまりますし、集中力や思考力も低下し、「では次回に」となってしまいます。そうなる前に、グラレコで議論の目的と道筋を示しましょう。

意見が出ない・噛み合わない

出席者の参加意識が低かったり、ルーティンとなっている会議などにおいては、議論が停滞することがあります。しかし、発言者とその意見、問題点を見える化することで、賛成・反対といったシンプルな意思表示がしやすくなります。また、それまでとは違うさまざまな意見を拾い上げられるようになり、会議が活性化されます。

第1部 イメージを形にすることのメリットとは？　41

ましょう。権力者の似顔絵もその声も、出席メンバーと同じ大きさにするのがポイントです。発言者の力関係で会議を進めるのではなく、内容の明確さに重きを置いて、意見を細かく描き出すことが重要です。

すると、社内でのパワーバランスは消え、少なくともホワイトボード上にはフラットな状態が生まれます。たったこれだけのことですが、それまであった権力者に対する遠慮や忖度の度合いは下がるというのは感覚的にも理解できるのではないでしょうか。

出席者の発言が増え、組織の潜在能力を引き出せる

ほかにも、発言者とその意見をホワイトボードに見える化することの効果としては、意見が活発に出るようになること

10人参加しても、特定の人しか発言をしなければ、会議を開く意味もなくなります。いつもなら出なかった意見が出るようになることで、議論が活発化し、新しいアイデアやモチベーションが生まれるようになります。
新しい意見の中に問題をブレークスルーするきっかけが見つかれば、会議の意義も高まります。

があげられます。誰がどのような意見を言っているかが一目
瞭然になります。人間の自然な心理として、まだ発言をし
ていない人の積極性が高まります。

　また、会議などにおいては、引っ込み思案な人や、考えを
まとめることが得意ではない人の意見は反映されないことが
多いと思います。そんなときは断片的にでも情報を拾い上げ
てホワイトボードに見える化してみてください。貴重な解決
の糸口やアイデアのヒントがそこに眠っているかもしれませ
ん。

　これまで黙殺されていた「声」を拾い上げるという意味で、
組織の潜在的な問題解決能力を引き出しているともいえるの
です。

会議が自然と盛り上がる

　最近では、出席者全員がノートパソコンを開いてモニター
を見つめながら会議をする光景が当たり前になってきました。
　本来向き合わなければならない相手の顔やホワイトボード
を無視していては、会議は当然盛り上がりません。
　ノートパソコンのモニターとにらめっこしていては、出席
者の当事者意識も薄れますし、場合によっては個々の独善的
な解釈を加速させかねません。これでは、意見が出ない、あ
るいは意見がまとまらない会議になります。
　解決策としては、全員の視線をパソコンのモニターではな
く、ホワイトボードに向けること。視覚情報の物事の伝達力

第 1 部　イメージを形にすることのメリットとは？　　43

ホワイトボーではなく、テーブルに模造紙を敷いて、ボードゲームをするようにグラフィックレコードをすれば、盛り上がること間違いありません。

が大きいことを利用するのです。

　また、グラフィックレコードはある種のパフォーマンスの側面があります。いつもとは違った楽しげでカラフルな板書は、出席者の目を集めるはずです。

脱線してもすぐに軌道修正できる

　議論が脱線して、結論が出るまでにかなりの時間を要する会議を、ほとんどの人が経験していることでしょう。そもそも何について議論しているかわからないほどに話がとっちらかり、結論が出ない、生産性ゼロ、時間の無駄という最悪の

参考までに、東京オリンピックの観戦ルートの例をまとめてみました。
同様の方法で議論の流れを記録していけば、さかのぼって議論するという不毛な行為が極端に減ります。たとえ議論が横道にそれた挙げ句、なんの実りも期待できないことが判明するという無駄足を踏んでも、すぐに正規のルートに戻ることができます。

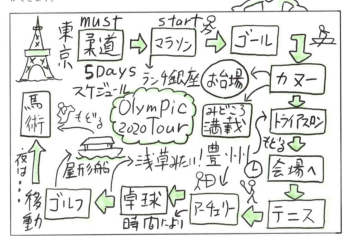

会議もめずらしくないはずです。

　グラフィックレコードにはいくつか代表的なフォーマットがありますが、その中でもステップ式（→86ページ）を使うことで、そうした会議を回避できます。

　ステップ式は議論のプロセスを描く手法なので、どこで話が脱線したかが明確なので、すぐに議論の主軸に戻ることができます。

　話が蒸し返されたとしても、そこにすぐに戻ってプロセスをたどり直せるので、同じ議論を延々と繰り返すようなこと

もなくなります。

グラレコを議事録にできる

　議事録が回ってきても、文字ばかりでは読む気が失せ、結局目を通さなかったという経験はありませんか？　テープ起こしまでして逐一意見を拾っている議事録作成者もいますが、彼らの努力を考えると申し訳ない気持ちになります。

　ちなみに私が議事録を作成するときは、ちょっとした打ち合わせであれば一瞬で終わります。というのも、ホワイトボー

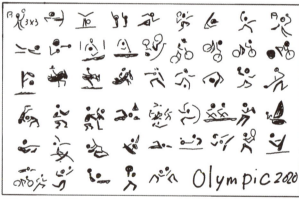

グラレコされた表現は、話の内容をフィードバックするのに最適です。頭の中に残りやすいのは具体的な話の内容よりも映像だからです。その視覚情報を手がかりにすることで、そこでどんな議論が行われていたかも、ひと目でわかるようになります。

ドをスマートフォンで撮影するだけ。グラフィックレコード
をそのまま簡易的な議事録にしているのです。視覚の情報伝
達力は大きいので、ひと目見てわかるのです。

　手間と時間をかなり短縮できるので、同じようにしている
グラフィックレコーダーはたくさんいます。

　クライアントとの会議や社内の重要な会議においては、正
規の議事録の補足資料として添付しています。1枚の紙で何
が議題で何が決まったのかが端的に示されているので、閲覧
者はすぐに情報を受け取ることができます。それを見て興味
が湧けば、さらに正規の議事録にも目を通す人もいるでしょ
う。

　ちなみに、グラフィックレコードで議論の論点と意見、そ
の論者、結論など、ある程度内容を示していれば、正規の議
事録については、良い意味で手を抜いていいのではないかと
個人的には思っています（ただし、重要な意思決定にかかわる会
議は進行通りの一言一句、精細なものをつくる必要があります。テー
プなどで代用できますが、紙データが一番正確です）。

1 - 3
図や絵で表現すると
論理思考力が身につく

図を描くことで論理思考力が身につく

　グラフィックレコードと論理的思考が結びつかないという人は多いかもしれません。一般に、ビジュアル化するという行為は、右脳をフルに活用するというイメージがあるからでしょう。

　つまり、感性に依存すると思われがちですが、それは大きな誤解です。むしろ、論理思考力が鍛えられるものです。

　ぐちゃぐちゃに絡み合った情報に対峙したとき、「大中小

グラレコとは、ひと言でいえばわかりやすく図解する整理術です。美しさや芸術性を求めるのではなく、理解するために描くわけですから、右脳的な感性のみに頼る表現ではありません。

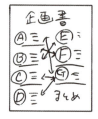
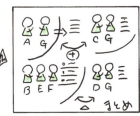

に分けられないか？」「共通点はあるか？」「強弱をつけられるか？」「合体させられないか？」「分割させられないか？」という視点で物事を論理的に整理する能力が必要です。そしてさらにそれを、ひと目見てわかるチャートにしたり、マトリックスで表現するというグラレコの技術が大事になるのです。

そのうえで、点と点が線になって相関関係が見えたり、思考が整理されるのです。

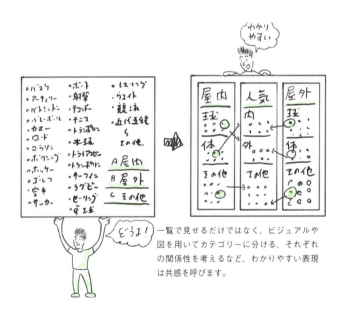

一覧で見せるだけではなく、ビジュアルや図を用いてカテゴリーに分ける、それぞれの関係性を考えるなど、わかりやすい表現は共感を呼びます。

そもそも思考ツールは「見える化」からはじまる

もちろん、グラフィックレコードには右脳的な能力が必要です。

たとえば、思考ツールや図解というと、いかにも左脳的な

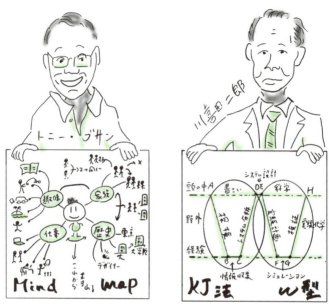

方法論を覚えて活用することで、分析能力は格段にアップします。

印象を受けますが、問題解決やアイデア出しに使用される多くのものが「見える化」という右脳的行為を糸口にしてプロセスを踏んでいます。

トニー・ブザン氏が開発して日本でも定番になっているマインドマップ®。あるテーマやキーワードについて、ノートの真ん中から放射状に連想される要素を記しながら、頭の中を見える化します。

日本人の川喜田二郎氏が開発したKJ法も有名ですね。こちらは付箋やカードに、あるテーマに関するキーワードといった短い文章をランダムに記していき、最終的に似ている

属性や要素のものを、小グループ、中グループ、大グループとまとめ、互いの関係性（因果関係や対立、共通点）を読み取ります。

いずれも、抽象（右脳）→具体（左脳）という流れは共通しており、左右の脳を上手に使うことで問題点や答えをあぶり出すのですが、グラフィックレコードも同様のプロセスを経て仕上げていくのです。

右脳と左脳を両方使う

逆に自分には右脳的な感性が足りないのではないかと不安に思っている人もいるかもしれません。

たしかに、グラフィック表現は右脳による感性的表現を必要としますが、ある程度フォーマット化できるチャートや図解（第2部で解説）を使えば難しくないはずです。

グラレコは右脳と左脳をフル回転させて行う作業です。イラストが適するのか、図解がわかりやすいのか、瞬時の判断能力が必要になります。

前項で解説したように、グラフィックレコードは右脳と左脳を両方使いながらまとめていくので、どちらかに偏ることがなく、表現する力（問題を整理して見える化する力）と考える力（問題解決力）の両方を効果的に鍛えることができるのです。

　そもそも小説を読むと、登場人物の顔や情景が頭に浮かびますよね。まさに右脳が活性化しているわけですが、同時に人間関係の相関についても考えるはずです。とくに推理小説なら、犯人の正体を考えます。

　私たちは右脳と左脳を一緒にフル稼働させながら生活しているのですから、「自分には右脳（左脳）的能力が足りない」などと気にして、苦手意識を持つ必要などありません。

　ちなみに、この節を読みながら脳の画像をイメージした方もいるのではないでしょうか。

　実は、右脳は感性、左脳は論理を司る、というのは科学的にはまったく証明されていない世に長く流布する俗説。しかし、そうしたイメージを利用することで、抽象的な説明が腑に落ちるわけです。それはまさにグラフィックレコードの効用そのものといえるでしょう。

1 - 4
アウトプット能力が伸び、
言葉にできないものも見える化できる

瞬時に理解させることができる

　イラストや図は、知的理解を超えて、感覚的に量や空間を瞬時に判断させる力を持っています。

　たとえば、「3人のお客様がいらっしゃいました」という表現があります。しかし、そのお客様が男性なのか、女性なのかまではこの表現からはわかりません。

　しかし、下のようなイラストであれば、男性なのか女性なのか、そして大人か子どもかまでを、ひと目見た瞬間に理解できます。

　わざわざ「男性1名、女性1名、男の子1名のお客様」と

3人の影絵では性別や年齢がわかりませんが、しっかり描き込むことで見る人は感覚的に判断できるようになります。そして、描き込むまでもなく、ピクトグラムのような記号を使ったほうが簡単です。

言葉にしなくていいのです。コツさえ覚えれば、言葉にするよりもイラストや記号にしたほうが間違いなくアウトプットは早くなります。

頭のモヤモヤを形にできる

イメージはなんとなく見えているんだけど、なかなか言葉にはできない……。たとえば、打ち合わせのときによく出てくる「うーん、なんというか、こう、もっとかっこいい感じにしていただけますか」の「かっこいい感じ」。

これはデザイナーがクライアントからよく言われる言葉です。そう言われるのは馴れっこのデザイナーは、その「かっこいい感じ」を数パターンつくって見せることができます。こうした能力はグラフィックレコードにも必要、というかグラフィックレコードはそういう能力を養い、訓練するので、自然に身についてくるものなのです。

資料作成に活かすことができる

ビジネスで日常的に行うわかりやすいアウトプットといえば資料作成です。第

ちょっとした営業資料もグラフィックレコードのスキルを使うことで、華やかになり、顧客の感情により訴求できるでしょう。

2部で詳しく解説しますが、グラフィックレコードの技法は、ホワイトボードだけではなく、資料作成にも活かすことができます。文字だけだと関心を持ってもらえなくても、イラストや記号で楽しげにレイアウトしてあるものなら印象も強く、関心を持ってもらえます。ひと目見てわかるので、相手の理解も深まります。

　企画書、営業資料、プレゼン資料などに役立てることができます。

想像から創造へ

　グラフィックレコードを使ったことで会議での意見交換が活発になれば、新しいアイデアが出やすくなる、というのは納得できるところです。これは、見える化することで生じた広義のアウトプットといえるでしょう。

　一方、「想像から創造」というアウトプットもできます。

　たとえば、「イチローの顔を想像してみて」と言われて、想像できる人はたくさんいると思います。

　しかし、「イチローのイラストを描いてみて」と言われて、描くことができますという人はほんの少数です。

　この想像と創造の間には何があると思いますか？　結論からいえば、「描き方を知っているか知らないか」の違いしかありません。描き方を知らなければ、頭の中のモヤモヤをクリアすることも資料作成にも活かすことできません。

　人はかなり複雑なモノやシチュエーションを想像することができても、それを言語化はもちろん、見える化するのを億

想像上のイチローは一番左に近いと思います。しかし、これを具現化できる人はなかなかいません。まずはそれをあきらめて、棒人間でいいので描き、余裕があれば肉付けしていきましょう。

劫(くう)に感じたり、自分には無理だと思いがちです。それでは、アイデアはいつまでたっても頭の中のまま。

　言語では表現できても、それをビジュアル表現に変えることに人は馴れていないのです。それには、そのための訓練が必要なのです。

　第3部ではそうした能力を養う○△□の3つの形でいろいろなモノをビジュアルで描けるイラストのテクニックやコツなどを解説しています。また、強制的にアウトプットするワークも紹介します。

　そうしたテクニックの手助けさえあれば、頭の中に眠ったアイデアを具体的な形で表現できるようになります。

1 - 5
グラレコブームの背景とは？
「形にできる」は個人と組織の武器になる

誰でもできるのに、ライバルが少ない

　ビジネスの現場では言語情報に偏りがちであることはすでに述べました。しかし、こうした現状というのは、本書によってグラフィックレコードを学ぼうとする人にとってはチャンスといえます。なぜなら、このスキルにおけるライバルが少ないことを意味するからです。やはり他の人ができないスキルを持っている人は組織の中でも重宝されます。

　グラフィックレコーディングが密かなブームになろうとし

まだまだ一般的ではないグラレコですが、簡単なビジュアル表現のテクニックさえ覚えれば、誰でもすぐに活用できます。そして使えば使うほど上達し、眠ったアイデアもクリアになります。

頭の中に浮かんでいるイメージを形できる能力は大きな戦力になります。組織に1人グラレコができる人間がいれば、互いの伝達の速度が上がります。

ている背景には、コミュニケーションの円滑化や会議の効率化というメリットがあるからでしょう。しかし、それはあくまで表向きの理由で、組織の中で代えのきかない武器を手に入れたいという個人の向上心もあるはずです。それはキャリア形成において正しい戦略といえます。

本当に必要としている人に行き渡らない現状を利用

　書店でグラフィックレコードの関連本を探そうとすると、たいてい理工書やデザイン書コーナーに置かれています。ビジネス書コーナーに置かれていることは稀です。

　本来はビジネススキルであるグラフィックレコードが、本のビジュアル要素の印象や、デザイン系の出版元から出てい

本来、グラレコはビジネスを主戦場にして活躍するスキルなのですが、書店ではビジネス書コーナーにほとんど置かれていないというミスマッチが起きています。しかし、ビジネスでグラレコを活用したいという明確な意思がある人にとっては、ライバルが生まれにくい環境といえます。

る本のため、そのようなコーナーに流れてしまうのでしょう。つまり、本当に必要としているビジネスパーソンには届きにくい現状があります。

そういう意味では、ビジネスのあらゆる場面、プレゼン資料などの文書作成、会議など、またそれに臨む自分の頭の整理、仕事の手順の効率化などなど、グラフィックレコードの技法を取り入れることができれば、あなたは一目置かれる存在になるでしょう。

組織のポテンシャルを刺激する

まだまだ日本のビジネスシーンでは用いられることの少ないコミュニケーション手法ですが、デザインシンキングやグ

グーグル、ペプシ、NASAといった世界的な組織も、グラレコによる変革と躍進に注目し、「グラフィックファシリテーション」の会社 imagethink.net と提携し、そのノウハウを活かしています。

ラフィカルシンキングといった、1960年代からリアルタイムに思考をビジュアル化する技術が多くのビジネスシーンで活用されていました。

　NASAやGoogleでも最先端の情報を見える化し共有するためにグラフィックレコードが幅広く利用されています。

　個人のブランディングとしてのスキルの上達の必要性はもちろんですが、組織の活性化、能力アップに役立つというのが、グラフィックレコードの最たる長所です。

　会話や箇条書きの板書だけだった会議に、イラストや図を

加えることで、視覚的に一瞬ではっきり内容を理解できます。意見の対立軸や目的とすべきことが見える化され、整理されるのはすでに述べたとおりです。思考の幅も広がって、思いがけないアイデアも生まれやすくなるでしょう。

その結果、会議が楽しくなり、参加者も積極的になり、会議のレベルも上がり、会議が意思決定の重要な場となり、組織の力が上がるという大事なビジネス効果もあります。

まだまだ小さな日本のグラレコ市場において、グラフィックレコードをいち早く取り入れることは、ライバルに差をつけ、組織のポテンシャルをレベルアップする手段になるのです。

1 - 6
上手な人ほどやってしまう!?
間違いだらけのグラフィックレコード

グラフィックレコードを目的化してはいけない

ここまで述べてきたように、グラフィックレコードは、議論を活性化させたり、意見をまとめたり、アイデアを出すための1つのテクニックです。

しかし、グラフィックレコードをすること自体に目を向けるあまり、その肝心の目的を忘れている人がいます。ホワイトボードのほうばかり見て、参加者に背を向けるようでは本末転倒です。

たとえば、議論では的はずれな意見や、脱線は付き物ですが、キレイに仕上げたいあまり、それらを「無駄なもの」として反映させない人もいます。斬新なアイデアというのは得てして的はずれな意見や脱線から生まれるものと心得てください。

キレイにまとめることは大切です。グチャグチャしすぎたグラフィックレコードからは、描いた本人でさえ、なかなか情報を読み取れません。

おすすめなのは、グラフィックレコードをするときに、あらかじめホワイトボード上にフリースペースを設けておくこ

グラレコはキレイに見せることではなく、議論を活発化させて、クリエイティブな空間をつくることも目的です。でも、脱線しているように見える意見などを書き込むためにはどうしたらよいのでしょう。ホワイトボード上が乱雑になってしまうように見えます。対処法としては、そうした意見が出ることを前提として、最初からフリースペースを設けておくことです。その意見にスペースを与え、尊重しましょう。

とです。脱線や、飛躍しているように見える意見は、そうしたスペースに格納するようにすれば、一定の秩序を保ちつつ、幅広い意見を拾うことができます。

短時間で描くスキルの習得は難しく感じるかもしれませんが、練習である程度身につけることができます。クオリティよりも速さを優先させてください。

イラストのクオリティにこだわりすぎない

　私はグラフィックレコードの初心者の方に講座を開くことがあるのですが、すごく絵が上手な人に出会います。「まずは簡単な表現で人物を描いてみましょう」とグラレコに使えるレベルの表現から教えているのですが、中には、1体描くのに5分ぐらいかけてかわいい女の子を描く人がいます。洋服の模様まで描き込むほどの念の入れようです。

　気持ちはわかります。丁寧に描いていて本当に上手です。

　もちろん、お上手ですね！　と一言差し上げますが、「腕の曲げ方がおかしい」とか、「指先のペンの持ち方が……」などと細かいところにこだわりだして、なかなか先へ進みません。

　当然、会議におけるグラフィックレコードには時間の制約

があります。そして、リアルタイムに状況を表現していくことが重要です。

しかし、出席者のAさんのポニーテールをむすんでいるリボンがかわいいからと、人物の細かなパーツを描き込んでいったらどうでしょう？ リボンを描いているうちに大事な話のつながりを聞き逃してしまいますね。

絵を上手に描くなと言っているのではありません。会議の進行を把握して、そのときの必要最低限な表現で描き表すのがベストなのです。

本1冊の内容や、自分の思考をグラフィックレコードで描写するなど、他人の時間を奪うことなく、自分の時間に余裕がある状況のときに、細かな描写を加えて満足度を高めればいいのです。

表現のスキルをあげることは大切です。プロのイラストレーター並のスキルを身につける人もいるでしょう。

そんな人は、逆にクオリティを調整するというスキルも磨

いてみてください。いわば、イラストスキルの下位互換、ダウンサイジングは、会議の進行のスピードに合わせるための重要なスキルなのです。

だらだら文章を書かない

「今日持ってきたパッケージ案、B6サイズで出してきたけど、A6ぐらいにサイズダウンしたほうが、女性のカバンに入りやすいと思うんだけど」といった、提案内容に対してサイズ変更を求める意見はよくあることです。

　ここで、フムフム、「B6サイズのパッケージ案変更→A6サイズの方が女性のカバンに入りやすい」と板書したとします。よくわかります。間違いはありません。

　しかし、ビジュアルならサイズ違いの四角を2つ描き、そ

れぞれにB6、A6と書き入れ、B6にバッテン、A6の四角の横に簡単なハンドバッグの絵を描いて、矢印を添えてあげれば、話している意味が参加者全員に視覚的情報として伝わります。

　先の板書された35文字を読まなくても視覚的に入ってくるので、フムフムとなるわけです。

　グラレコを実践すると、どうしても伝わっていないのではないかと不安になり、ついつい補足説明の文字を入れたくなります。これは製品使用説明書によくある特徴です。

　イラストによる説明があるのに、さらに小さな文字で補足説明や注意事項がびっしりと記されている説明書を目にしたことがあるはずです。日本のメーカーに多いですよね。ユーザーからしたら読む気を失くします。

　一方、私が一番わかりやすいと思った説明書は、イケアのテーブルや棚などの組み立て図です。組立方法がすべてイラ

下のイラストをひと目見れば、何が言いたいのかわかりますね。「組み立てるときに下にマットや毛布を敷いてください」といった意味でしょう。イケアの組み立て説明書は世界中で通じるようにつくられているのでしょう。

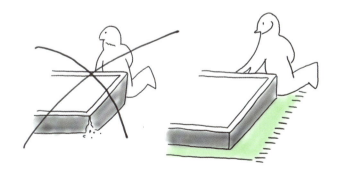

ストや矢印で的確に表現されています。説明文が一切ありません。

　グローバルに展開している企業ですから、販売する国ごとに言語の違う説明書をつくるという手間とコストを省けるメリットもあるでしょう。しかし、それよりもイラストを共通言語として使用することのほうがユーザーフレンドリーな説明書なのではないかと私は考えています。

　登場するイケアくん（名称不明）も特に言葉を発しません。たまに吹き出しでハテナマークが出ていたり、間違った行為に大きなバッテンがつけられているだけです。

色を使いすぎない。3色くらいがベスト

「グラレコ」で画像検索をすると、カラフルな色合いで描かれたアウトプットがたくさんヒットします。本当にキレイで凝ったものが多く、時間を忘れてまじまじと見てしまいます。

カラフルなのは魅力的ですが、個々の色や記号の重要度の差が見えなくなるというデメリットも生じます。最初のうちは、色を絞り込むことも大切です。

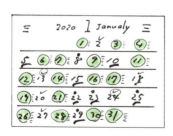

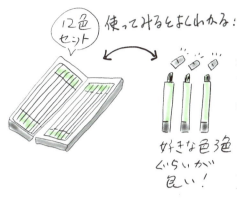

最初は12色使って描いてみてください。上手に表現できそうですか？ 難しく感じたら、メリハリがつきそうな、あるいは自分が好きな3色に絞り込んでみてください。グラレコでは、自分なりの表現を彩る「自分色」を見つけることも大切です。

楽しんで描いている人は、カラフルでポップさがにじみ出ています。カラーを使用すると印象力はアップします。
「カラフルなほうが華やかで楽しげ」というのはそのとおりですね。ですが、色をたくさん使いすぎると情報が伝わりにくくなるというデメリットがあることも覚えておきましょう。

学生の頃、情報量の多い歴史の教科書にさまざまな色の蛍光ペンでマーキングしたため、あとで見返したときに情報の重要度の違いがわからなかったという経験をした人も多いことでしょう。

実際、私の講座でも12色の色彩ペンセットを用意し、好きな色を好きなだけ使ってくださいと言って描いてもらいます。しかし、多色で情報をわかりやすく伝えられる人はほとんどいません。

もちろん、グラフィックレコードのプロであるならば、そうしたデメリットを承知の上で、カラフルに色を使いながらも、情報を整理してわかりやすく伝えられるでしょう。

　しかし、初心者であれば、3色ぐらいからスタートしたほうが無難です。文字と矢印は黒、人物やモノは青、枠線やアンダーラインは赤といったように、要素ごとに色を決めると、仕上がったときにまとまりが生まれます。

　個人的には多色でカラフルなグラレコを表現してもらいたいと思っています。しかし、そのためにも3色でまとまりのある表現をマスターし、徐々に色数を増やしてはいかがでしょうか。

第 2 部

GRAPHIC RECORD

グラフィックレコードの基本型を覚えよう

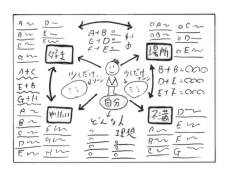

2-1
これだけはおさえておきたい
グラレコの4つのフォーマット

会議の前にフォーマットを決めておこう

ホワイトボードや壁に貼られた模造紙にグラフィックレコードをする場合、特に書き直しがきかない紙に直接マジックなどで描く場合は、あらかじめ頭の中でフォーマットを決めておくと失敗しづらく、スムーズに進められます。

これから行う会議・打ち合わせは、どのような趣旨なのか？事前に資料を確認し、どのようなフォーマットが今回の議題にふさわしいのかをざっくりでかまいませんので考えておきましょう。

ここからは、代表的な4つのフォーマットと、それぞれのメリットとデメリット、描くときのコツを中心に紹介します。

ランダム式

文字通り、スタート位置を決めずに自由に描きはじめる方法。議論の流れに臨機応変に対応できる反面、意識的にカコミなどを使ってメリハリをつけるなどしないと無秩序な仕上がりになるので注意が必要です。

放射式

よく知られているのがマインドマップ方式。センターに問題や人物などのテーマを配置し、そこから連想される改善策やアイデアなどを周辺に記していきます。さらにそこから派生させて、より具体的に分析することもできます。

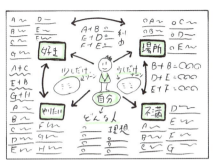

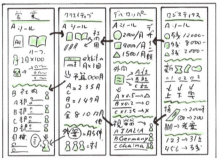

カテゴリー式

異なるテーマごとに線で区切ったり、囲んだりしたりして掘り下げていきます。矢印などを用いて、テーマとテーマの関係性についても見える化します。

ステップ式

一つひとつの工程や進行を、順番どおりに表記します。料理のレシピのほとんどがステップ式で解説されています。

第2部 グラフィックレコードの基本型を覚えよう　73

2 - 2
ランダム式
フリーディスカッションに最適

制約がないことのメリット・デメリット

　議論をグラフィックレコードするにあたって、一番肩肘張<ruby>かたひじ</ruby>らず、自由に描けるのがランダム式です。

　フリートークや、アイデアの創出に向いています。お茶でも飲みながら笑い話を交えて、リラックスした雰囲気で行うと一層、活発な意見が出やすくなります。

　ここからは4つのグラレコの型を伝えるうえで、さまざまなサイト記事やブログで取り上げられている「陸マイラーのためのANAマイレージの貯め方」をテーマとして、それぞれのサンプルをお伝えしていきます。

> メリット：制約がないため、さまざまなレイアウトができる。
>
> デメリット：ランダムに書き上げているため、アイデアを整理する段階には向かない。
>
> コツ：ランダムとはいっても、エリアを区切るなど、多少のルールを設けることで見やすくなる。たと

えば、発言者ごと、あるいはテーマごとに意見を
まとめると見やすくなる。

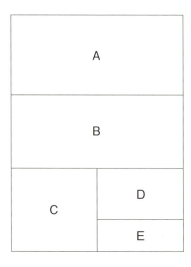

A
タイトル部。テーマをイラストとともに大きく表記しています。

B
2段目は陸マイラーができる2つのポイントの貯め方を記しました。クレジットカードで買い物をする方法とショッピングサイトで購入する方法の2通りがあり、HAPITAS（総合ショッピングサイト）から各ショッピングサイトで買い物をすると、ポイントがトリプルで貯まるという、お得な情報を載せています。

C
ポイントのマイレージへの交換方法も2通りあり、この段ではポイントの減りは大きいものの最短で交換できる方法を伝えています。

D
Cと途中までは同様のルートですが、この段では還元率がより高いソラチカルートを載せています。

E
最新のルートです。情報は常に更新されるので書き込めるスペースを開けておいてもよいでしょう。

ランダム式の2つのパターン

　ランダム式といっても、私はいくつかのパターンを使います。

　出席者の名前や似顔絵、アイコンのようなものを用いて、ホワイトボード上にそれぞれの意見のスペースをつくり、そこに自由に書き込んでいくパターン。

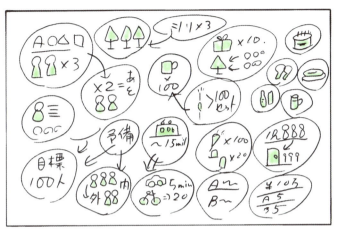

バブル式

アイデアや意見などを、カテゴリー分けすることなく、一つひとつ丸や四角で囲って書き出します。囲むと、他の意見と線でつなげやすいという利点があります。

　他にも、空にシャボン玉が浮いているように、次々と出た意見をランダムに書き込んでいくパターンも使います。意見の強弱や質を吹き出しの大きさや形で表現していきます。

　前者は議論のテーマが明確で賛成・反対で意見を交わすような場合、後者はフリーディスカッションにおいて出席者のアウトプットを優先する場合に使います。

　出た意見に共通項があれば＝（イコール）、対立を矢印などで表現して、全体の関係性を眺められるようにします。

　まずは、アイデアを散らかしている状態、掃除する前のアイデア広場と考えましょう。

世界各地でビジュアル・リテラシーの啓蒙活動を行っているサニー・ブラウン氏は、著書『描きながら考える力』（クロスメディア・パブリッシング）の中で、ランダムに書き出されるバブル状の泡の広がりを「情報の宇宙」と表現し、異なるアイデアや視点、そして共有している情報と個人の情報の接点を見つけて整理することで、世界（発想）の広がりを生み出せると説いています。

より簡単なウロコ状の描き方

　ランダムとはいっても全体のバランスが気になってなかなかペンが進まない人におすすめの技法があります。それが一つひとつの意見を魚のウロコ１枚のように区切りながら記述していく描き方です。

　ホワイトボードや１枚の紙に対して、意見を左上から順番に並べていくのがコツです。ウロコの大きさを無理にそろえる必要はありません。意見のボリュームに合わせて、考えす

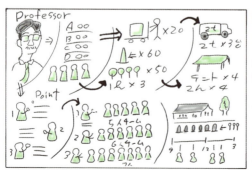

ウロコ式

意見を分けたり、話題が変わったときなどに、半円状のラフな仕切りを入れてメリハリをつけます。ウロコ１枚が１つの情報の塊となります。

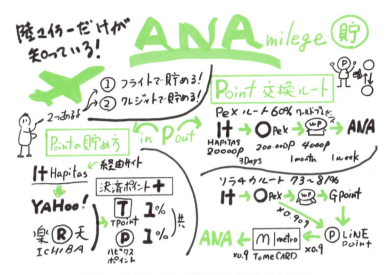

ANAのマイルの貯め方を実際にウロコ式で描いたものです。仕切りをきれいなウロコ型にするという決まりはありません。ざっくりした仕切り線を入れて、テーマを大きく4つに分けています。1本のラフな線が数本あるだけで要素が整理されます。

ぎずにサバサバと書き込んでいきます。区切る線は文字色と変えたほうが見えやすくなるでしょう。この方法でも、同意や対立などの関係性を矢印や記号で結びます。

　半円のような線で囲むので、1つの意見は1行ではなく複数行で書き込むことが多くなります。長い1行の文章よりも、ウロコ状にまとめたほうが塊として文章を認識できるので、見ている人のインプットが早くなります。

　非常にシンプルですが、箇条書きにするよりも、ホワイトボードや紙面上に動きを出せるのでおすすめです。

2 - 3

放射式
テーマをサブテーマで分解

問題を深掘りし、多角的に考える

　放射式は第1部で紹介したマインドマップのように、真ん中にメインテーマを置き、そのまわりにサブテーマのスペースを配置します。

　たとえば、メインテーマをある商品の「業界シェア No.1 を目指すためのマーケティング戦略」にしたとしましょう。その四方に「予算」「web マーケティング」「ダイレクトレスポンスマーケティング」「CM」「新聞広告」「口コミ」「SNS」など、4～8つくらいのサブテーマのスペースを設けます。

　それぞれのサブテーマにおいて何ができて、何ができないか、そしてテーマやサブテーマ同士の関係性（共通点・相反する箇所、協力できる点など）も矢印や記号などを使って記していきます。

　1つのテーマに対して、多角的に深掘りができます。

> **メリット**：複雑で扱いづらそうなテーマでも、サブテーマまで分解することで意見を出しやすくなる。全体の関係性が見える。
> **デメリット**：サブテーマが多い場合、関係性を示す

矢印などが複雑に絡み合い、わかりにくくなる。
コツ：それぞれのつながりをきちんとタグ付けして書いていくと、全体像が見えやすくなる。

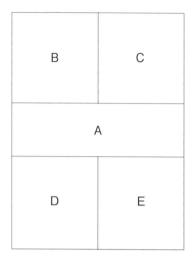

A
センターにはタイトルとその趣旨を明記。この放射式では、マイレージの交換ルートに絞って説明しており、このテーマについてはランダム式と比べて深掘りしています。

B
B、C、D はマイレージの具体的な交換ルートと、さらにそこに還元率という要素を盛り込みました。その中でも、B は最短のルート。しかし、還元率は低いというデメリットが。このように、重要な工程、還元率を明記することで、他のルートと比較しやすくしています。

C
最も還元率の高いルート。とはいえ、工程が長いというデメリットが。手間と還元率のどちらを重視すべきか、という問題提議が自然に生まれるはずです。

D
これは 2019 年 6 月に開通された最新の交換ルートの情報。手間も還元率も B と C の中間というイメージ。

E
ポイントを稼ぐためのサイトと、ポイントを移行するためのポイントサイトを紹介。情報は日々更新されることを頭に留めておくために、自身へのアテンションとして入れました。

2 - 4
カテゴリー式
部署の垣根を超えた
プロジェクト進行に最適

関係性をひと目で理解し、協力体制を築く

　放射式のようにメインテーマとサブテーマという階層の違いを出さずに、複数のテーマを横並びと考えて、関係性を追求するのがカテゴリー式です。放射式におけるメインテーマを見出し扱いにして、サブテーマを並列にして描くこともできます。

　個別のテーマを議論しつつ、全体も俯瞰できる方法なので、一連の流れの中で行われたディスカッションを1つにまとめることができます。

　たとえば、業務フローの改善を社内で検討したとしましょう。A営業、Bクリエイティブ、C企画、D経理と部署で分け、それぞれの問題点を掘り下げつつ、お互いの関係性についても見ることができます。

　BはAに商品の理解度を高めてもらいたい、AはBに営業ツールをつくってほしい、CはDに在庫の管理をお願いしたい、DはCに原価管理をしてほしい……、といった関係性や問題点を見いだすのです。

　全社的に進めるプロジェクトが発生した場合にも、部署間の交流やスケジュール感をこのカテゴリー式のグラフィック

第2部　グラフィックレコードの基本型を覚えよう　83

レコードでまとめることができます。

> メリット：それぞれのテーマの改善点や、共通項が見つかりやすい。無駄を見つけたり協力体制を強

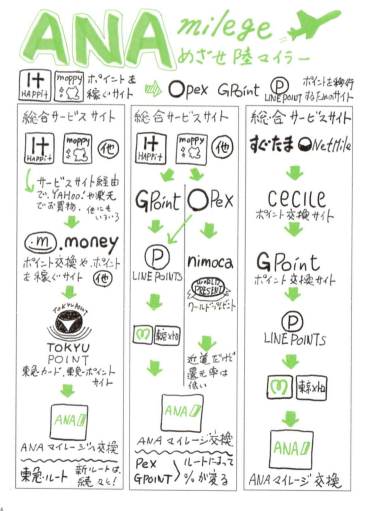

化できる。

デメリット：関係性を強調しすぎるとかえって複雑
になってしまう。

コツ：線を使ってカテゴリーごとの区切りをわかり
やすくし、できるだけ枠に収まるように記述する
と見やすくなる。

A		
B	C	D

A
タイトルを上部に配置して、代表的なポイントサイトとポイントを移行するためのサイトを表記。

B, C, D
それぞれの総合サービスサイトから、ANAマイレージを獲得するまでの道のりを表示しています。普段登録しているサイトを活用する方法や、持っているクレジットカードの活用などで、ルートは変わってきます。紹介している以外にもルートは多数存在し、その関連性なども含めて調べてみるのも楽しみの1つ。

2-5
ステップ式
プロセスや予定を明確化

時系列で表現されるからわかりやすい！

　時系列や工程にそって、1項目をメインとサブに分けながら、流れを記述していきます。

　全体が時系列によって表現されるので、すべての流れを明確につかむことができます。

　よく料理のレシピで使われる形で、その場合にはメインが調理法で、サブが食材や調味料という位置づけになります。

　メインとサブの書き分けをすることで、場面ごとに詳細な情報をわかりやすくリンクさせることができます。大きな流れはもちろん、各工程の注意点や用意するものなどの細かくても重要な情報も、合わせて理解するすることができます。

　組立図や旅行の行程などにも活用が可能です。

　　メリット：独立した窓を設けることで、一つひとつ
　　　に説明がつけやすい。工程ごとに細かな情報を追
　　　加できるので、あとで見たときに見落としが少な
　　　い。
　　デメリット：工程を踏まないものには適さない。
　　コツ：しっかりと先に段取りを組むこと。大きな窓

の中はグラフィックで描きあげると見栄えがよくなる。

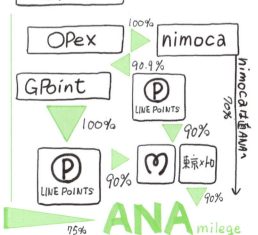

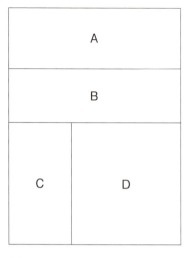

A
マイレージ獲得までの道のりと題して、獲得したポイントをどのように移行していくのかを解説。

B
ショッピングサイトの利用方法、ポイントがどのように貯められるのかを解説。さらに貯めたポイントをどこへ移行するのかを2つのサイトを紹介して還元率も紹介。

C,D
最終地点までのルートを紹介。Cは最短ルートの東急ルート、Dは還元率のよい東京メトロカードルートなどを解説。それぞれのサイトを介すると還元率がどのくらい違うかをルートごとに表示している。

すごろく式もためしてみよう

　ステップ式の方法で、すごろくゲームのように順を追って描くパターンもあります。うずまきのように外側から内側に向かって描いたり（その逆も可）、左右を往復しながら下に向かって描きます。

　ステップ式ではメインとサブを分けていましたが、すごろく式はその違いを意識せずに書き込んでいけばいいので初心者向きといえます。

　最終的に出た結論は大きく描くとメリハリがつきます。結論が出なかった場合でも、終点がはっきりしているので、そこをスタートにして議論を続けることもできます。

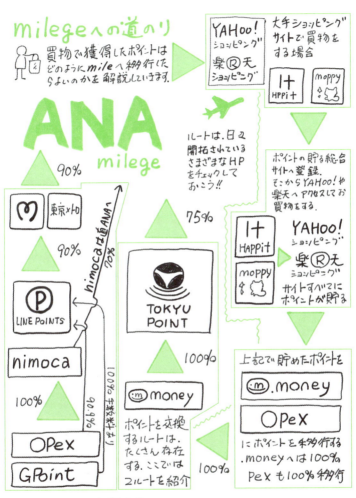

すごろく式

スタートと、ゴールを明確にし、順番を決めて描きはじめるのがコツです。脱線した内容については、本ルートから脇道にずらして記します。工程をゲーム感覚で描くような遊び心を発揮してみてください。

2 - 6
問題を簡単に見える化!
グラレコで使える11の図解ツール

全体の流れを補足する図解ツール

　前節まで解説した基本の4つのフォーマットで、グラフィックレコードの全体のおおまかな流れを示しました。そして、ここからはその流れを補足してより理解を促す細部の図解ツールについて、11項目に分けて、メリットとデメリットについて解説していきます。

　こうした図解ツールは、これまでビジネスシーンをはじめ、いろいろな場面で使われてきたものです。ぜひ覚えて使ってみてください。

Xマトリックス図

　Xマトリックス図は視覚的にすぐに意図が理解できる定番のツールです。

　x軸の線(縦)とy軸の線(横)を交差させ、左右・上下それぞれの線の両端に相反する評価のポイントを記した図です。そこから生まれた4つのエリアのどのあたりに、検討している要素が当てはまるのかをポジショニングしていきます。

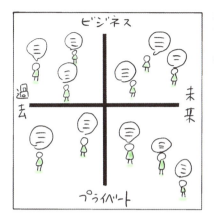

ポジショニングマップとも呼びます。人やアイデアなど、それぞれがどこに配置され、どんな属性を持っているのかが簡単に把握できるようになります。

コミュニケーションにおける自己開示を分析したジョハリの窓もXマトリックス図の形になっています。それぞれの窓の大きさは均等ですが、当然のこと、実際にはそれぞれ大小があります。どれが大きくて小さいかで、コミュニケーションの形が変わってきます。

　たとえば、横軸の左側が「嫌い」の度合いなら、反対の右側は「好き」、縦軸の上を「欲しい」の度合いなら、下部を「欲しくない」のようにします。「好きでかつ欲しい」(右上)や「嫌いで欲しくない」(左下)というわかりやすい分類のほかにも、「好きだけど欲しくない」(右下)や「嫌いだけど欲しい」(左上)

第2部　グラフィックレコードの基本型を覚えよう　91

という言葉にしづらい微妙な感情も可視化することができます。

　出てきた意見がマトリックス上のどこに位置しているのか、そして他の意見との距離感なども見えてきます。大まかな分析や、明快に白黒はっきりさせたい場合に有効です。

> メリット：わかりやすい分類ができる。議論においてだけではなく、自分が目指したいものが何かを把握するための自己分析にも使える。
> デメリット：大まかな分析しかできない。「好き・嫌い」「欲しい・欲しくない」以外に、「買える・買えない」という３つ目の軸を追加して分析することができない。

Lマトリックス図

　２つの軸をL字型にした折れ線グラフや棒グラフなどに用いられる定番の形がLマトリックス図。たとえば、横軸を時間の経過、縦軸を物量にすると、推移が見えてきます。

　また、グラフだけではなく、マトリックス内をエリア化することで（質と量などで表すポイントマップ）、Xマトリックス図のように出てきた意見や検討中の要素を配置することで現状分析ができたり、それぞれの関連性や距離感を可視化することができます。

> メリット：横軸を時間にした場合、変化や推移が見やすい。

デメリット：微妙な変化はわかりづらい。

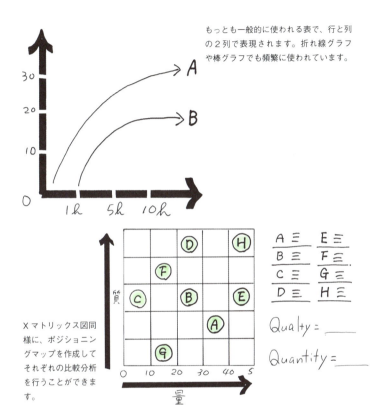

もっとも一般的に使われる表で、行と列の2列で表現されます。折れ線グラフや棒グラフでも頻繁に使われています。

Xマトリックス図同様に、ポジショニングマップを作成してそれぞれの比較分析を行うことができます。

重なり型

　集合同士の関係や重なりを示したベン図の性質を活かしたツールです。異なる性質の2〜3つの円を重ねることによって、その組み合わせから新たなアイデアを生み出します。

　たとえば、新商品を開発する際のコンセプトとして、「ア

ウトドア」「快適環境」「女性に優しい」があったとすると、その3つが重なった箇所からグランピングという新たなカテゴリー商品を発見することができます。

それぞれ独立したアイデア、反目し合っている意見を重ね合わせることで、新しいハイブリッド型のアイデアや、共通項を探ることができます。

> メリット：それぞれが重なり合うポイントがどこなのかわかりやすくなる。見た目にも簡単で書き込みやすい。
> デメリット：多くの情報を書き込めない。似たようなイメージの組み合わせには適さない。

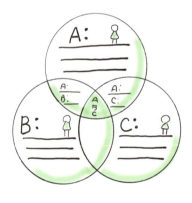

属性の異なるものを重ねるのは、主に2つの目的がある場合と考えられます。1つは共通点を見つけること、もう1つは交雑、組み合わせることで新たな発想を生み出すことです。重ねるとしても、3つがほぼ限界で、4つ以上となると複雑過ぎるので他の方法を考えたほうがいいでしょう。

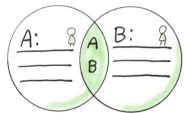

相互作用型

　2つから4つの独立したカテゴリのボックスを書きます。そして、それぞれのボックスの中に、そのカテゴリに関する情報を書き込みつつ、他の要素のボックスとの関連性を矢印を使って視覚的にわかるようにする手法です。

　たとえば、一方のボックスのカテゴリを「酒屋」、もう一方を「消費者」としたとき、相互に向かう矢印は、酒屋からは「お酒」、消費者からは「現金」となり、双方向の関係性が見えるようになりました。

　ここに「酒蔵」と「居酒屋」の2つのボックスを追加したとしましょう。酒蔵と居酒屋の関係性は、「仕入れ」と「伝

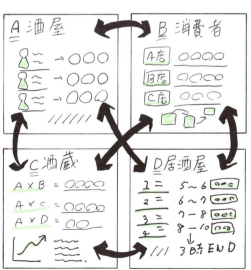

互いにどのような関連があるかを線を使って考えていると、普段はなかなか気づかなかった意外な繋がりを発見したり、新たなワークフローとして役立てることができます。

第2部　グラフィックレコードの基本型を覚えよう

票払い」の矢印で示されます。さらに斜めの関係性を探ると、酒蔵と消費者は直接販売が可能であれば、酒屋より安く購入できるかもしれないという可能性が見えてきます。酒屋の方も居酒屋で飲むかもしれませんし、酒屋が仕入れ元なら居酒屋でツケ払いが効くかもしれません。お互いの関係性を整理・理解するのに役立ちます。

そして新しい関係性をそこから生み出せるかもしれません。

> メリット：関係性を明確に表記でき、新しい関係を探ることも可能。
> デメリット：ボックスを増やすと関係性が複雑になる。関係性のバランスがくずれると意味をもたなくなる。

ピラミッド型

ピラミッド型は、ヒエラルキーを表すのに一番優れています。トップダウンするに従って裾野が広がる（人数が増える、パワーや権力がなくなる）のが通常です。食物連鎖やインドの階級制度がこのピラミッド型でよく示されています。

会社を例にした場合、社長を頂点にした指揮命

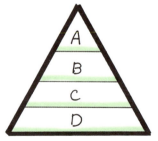

上に行くほど「数が少ない」「強い」「得難い」ということを感覚的に把握しやすい形です。

令系統がはっきりします。ピラミッドを真逆にとらえて、平社員からの意見を上層部へと吸い上げる方法を探るなど、業務改善につながる道筋を描くこともできます。

　また、ピラミッド型は階級だけではなく、マズローの5段階欲求や経営理念の枠組みをミッション（経営理念）やビジョン（経営目標）、バリュー（行動指針）の階層で示すなど、概念的な要素に用いることもできます。

> メリット：階級や階層とパワーバランスが明確になるものに適する。抽象度の高い問題を上位から下位に分類することで理解しやすくなる。
> デメリット：階級、階層や順位がつけられない要素には向かない。

ツリー型

　ツリー型は主に2つの使い方があります。

　1つは、ピラミッド型と同様に、トップダウン、ボトムアップの可視化に用いる場合です。ピラミッド型よりも細かな関係性を表記できるため、新しいアイデアや問題発見につなげやすくなります。

　もう1つはロジックツリーという問題解決・原因究明・要素分解のためのフレームワークです。

　たとえば、「セミナーの集客を増やしたい」という課題があるとすれば、その下には「ブログを活用する」「広告を打つ」「インフルエンサーに依頼する」といった解決策を記し、さ

らに「ブログを活用する」の下に「ブログの更新頻度を上げる」「ブログの書き方を変える」といったより具体的な解決方法を記したツリーを書き足していきます。

こうすることで、できること、できないことが明確になります。原因究明や要素分解についても同様に、問題を深掘りすることによって、解決の糸口を見つけます。

> メリット：大きな流れがわかりやすく、簡単に描ける。ツリーの枝を増やすことができるので、細部まで深掘りしやすい。
> デメリット：要素をたくさん出したとしても、そこから何かしらのアイデアや解決策を出せるかは、個人や出席者の発想力、予算などの環境に依拠す

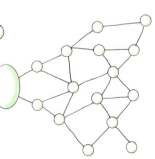

トーナメント表も身近なツリー型の図表です。要素の分解だけではなく、強弱や勝ち負けといった条件を設けて要素を絞り込む際にも使えます。

ツリー型を応用し、右の図のように強弱や大小で細分化するのではなく、もっと複雑な関係性を見える化することもできます。分子の構造を示す分子模型も同じような形をしていますね。

る部分が多く、必ずしも成果が生まれるとは限らない。

サイクル型

　PDCAサイクルや、ペットボトルなどのリサイクルなどの循環システムを可視化したり、構築する際に用いられるツールです。

　たとえば、ペットボトルの商品を購入→消費後ゴミとして処分→処分業者はリサイクル品として再利用→製造業者が新たな素材としてリサイクル業者から購入、……といった循環システムの構造を明記することで、物の流れが把握でき、消費者の意識も改善されていきます。

メリット：循環しているのでプロセスがわかりやすくなる。
デメリット：プロセスの数が多いと理解が追いつか

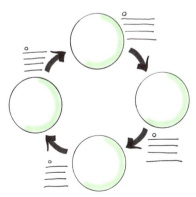

原因と結果が同じサークル内にある円環構造です。作業工程をこの構造に落とし込むと、理解しやすいうえ、ミスが少なくなります。一方、負の循環が生じている場合は、どこかにくさびを打ち込まなければ永遠に改善しません。それだけ、強固な構造といえます。

なくなる。イレギュラー的な要素が1つ発生するだけでサイクルが破綻する可能性がある。

プロセス型

その名の通り、物事を順序立てた図解ツールです。単純に各段階を矢印でつないでもOKですが、矢印に似た五角形を使うと見栄えがよくなります。

目標達成のための段取りや、何かを仕上げるときの工程を示すときに重宝します。

ステップを細かく分けすぎてしまうと、簡単なものでもヘビーに感じてしまうのでシンプルにすることを心がけてください。

メリット：クリアする課題がわかりやすい。
デメリット：工程の分岐が多い事案の表現には適さない。

それぞれのプロセスに目が行きがちですが、プロセスからプロセスへの移行部分がトラブルが起きやすいものです。そうしたことを意識して活用してみてください。

テーブル型

　行と列でつくった表です。エクセルに馴れ親しんでいるビジネスパーソンであれば、説明は不要でしょう。

　横軸の見出しをタスク、縦軸の見出しをメンバーにしてシフト表をつくったり、勝ち負けや評価を記した成績表、数量や金額を簡単に比較するときにもよく用いられます。

> メリット：使いやすいので活用範囲が広い。
> デメリット：手描きのグラフィックレコードの場合は、項目数が多いと乱雑になって見栄えが悪くなる。

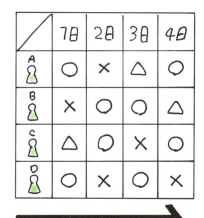

簡単なスケジュール表としても活用できます。

第2部　グラフィックレコードの基本型を覚えよう　101

サテライト型

　アイデアや意見をグループ分けして整理するためのツールです。

　出席者全員で付箋を使ってアイデア出しを行った際などに、書き出されたアイデアをランダムにボードに貼り出すのではなく、その前に似通ったアイデアにタグ付けをして分類します。第1部で紹介したKJ法の要領で、似たアイデア、対立したアイデア、1つにまとめられるアイデアが可視化できるようになります。

　さらに、分類の観点を変えることで、新たなグルーピングが生まれ、アイデアを発展させることも可能です。

　最終的には、それぞれの関係性を比較したり、つなぎ合わせながら、結論を導き出します。

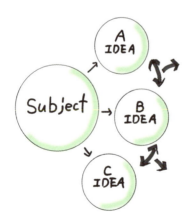

新しい知見を得るには各グループをどのように分け、どのようなタグをつけるかが大切です。さらに、そのタグづけしたグループ同士をどう関連づけるかで、見えてくるものが変わります。

> メリット：グループ分けすると客観的に全体を見ることができる。分類の観点を変えることで、さまざまなグループ分けが可能となり、発想の幅が広がる。
>
> デメリット：グループに属さないものは省かれる傾向にあり、無理矢理グループに入れたところでツールを使う意図からずれてしまう。

マンダラ型

　マンダラ型は、目標達成を客観的に見ることができるチャートです。中心に自分の達成したい理想を書き、周りを囲むように達成に向けた行動指針を記します。二刀流で話題になったエンゼルスの大谷翔平選手が高校時代に使っていたことで有名なツールです。

　個人で行う場合は、9×9のマス目を使いますが、グループの目標達成を考える場合は細かすぎて適さないので、3×3のマス目を使うのが現実

A：なりたい自分
B：目標
C：行動

まずは9マスから！

A：理想
B：目標

達成すべきことやるべきことが明確にできます。
達成した行動や目標を塗りつぶしたりすると、
達成度も確認できます。

的です。

　同じマンダラ型ですが、マス目ではなくサークルを使うパターンもあります。

> メリット：目標達成までのすべき課題がわかりやすい。
>
> デメリット：強いリーダーシップがないと、グループのマンダラ型チャートをつくるには時間がかかる。

　以上、これらの図解ツールはさまざまな場面で目にしてきたはずです。

　ぜひみなさんもこれらを駆使して、問題の見える化をしてください。もしかしたら、あなたも新しいフォーマットを生み出すことができるかもしれません。

2 - 7
インフォグラフィックスのスキルを
グラレコに活かそう!

「インフォグラフィックス」という言葉を聞いたことはある
でしょうか？　複雑なデータを視覚的にわかりやすく伝える
表現で、ポスターや広告、WEBページなどでよく使われて
いるデザイン手法です。

　説明文や数字だけの情報では、なかなか読む気が起きない
人でも、即座に情報を受け取ってもらえるように、さまざま
な工夫がこらされています。

　お気づきだと思いますが、インフォグラフィックスの目的
は、グラフィックレコードと同じ。したがって、インフォグ
ラフィックスのスキルやコツは、大いにグラフィックレコー
ドに活かせるのです。

　たとえば、見出し、グラフ、キャッチコピーなどの複数の
要素があった場合、どれを大きくして、あるいは小さくする
と情報をわかりやすく伝えられるか、どんな書体を選べばイ
ンパクトが生まれるかなど、インフォグラフィックスという
表現には、そのための知識がたくさんあります。

モーニングマーケットのチラシをつくってみよう！
　私がデザイナーの駆け出し時代に、師匠からある課題を与

えられました。師匠は業界で名の知れた人なのですが、デザイナーとしての私の力量をはかるために用意したようです。

インフォグラフィックスを学ぶサンプルとして、私がどのように考えてその課題に取り組んだかを解説しましょう。

課題とは、「モーニングマーケット」の開催を知らせる、以下のような要素を使った名刺よりも少し大きなサイズのチラシをつくるというものでした。

Marché du matin
in AOYAMA
2019
am:6:00〜8:00
Fruit　Vegetables　Seafood　Drinks

催しの内容：モーニングマーケット
開催日時：2019 年 6 時から 8 時
場所：青山

使用できるビジュアル要素：フルーツ、野菜、魚介類、アルコール（ジュース類）
＊必要と感じれば、写真などの他の要素を追加しても OK

「これだ！」という正解がある課題ではありませんが、結果的に私は師匠から合格点をいただくことができました。したがって、インフォグラフィックスをつくるプロセスや思考としては大きく外れてはいないはずですので、安心して参考にしていただければと思います。

ステップ1　最初に何をメインに配置するかを決める

　今回の課題はチラシですから、まずは「何を一番に伝えるべきか」を考えなければなりません。もちろん、目的は「モーニングマーケットの開催を知らない人に伝える」です。

　単純に「モーニングマーケット開催！」とデカデカと文字を配置する手もあります。文字要素自体をデザインとして用いる場合は、それで OK です。

　ただ、やはり文字よりもビジュアルのほうがアイキャッチとして使いやすいので、私はモーニングマーケットで売られる商品をメインビジュアルとして使うことにしました。

　では、フルーツ、野菜、シーフード、ドリンク（アルコールなど）の中から何を選ぶべきでしょうか？　メインにどのようなビジュアルを使うのかは、一番重要な作業になります。

　私は情報の3つの要素（早朝、朝採り〈新鮮〉、都心の広場〈開催場所〉）を考慮して、4つのモチーフを重なり型（93ページ）

の図解ツールを用いて見える化し、野菜をメインビジュアル
に選びました。もちろん、正解が決まっているわけではない
ので、さまざまな事情を考慮して果物や魚介類、フレッシュ
ジュースなどにしてもよいでしょう。

　ただ、野菜を選んだのは、①フルーツは朝採りというイメー
ジよりも季節物のイメージのほうが強い、②魚介類は朝獲り
のイメージはあるものの、開催場所が海と接点がない、③
ジュース、アルコール類は、早朝マーケットのおまけ的扱い
でよさそう、といった消去法と、④野菜は「朝採り→新鮮→
朝食」といった連想から、一番しっくりきたからです。

ステップ2　ビジュアルの構図を決める

　構図とは要素をどのように配置するかを考える作業です。
メインビジュアルが決
まったからといってやみ
くもにレイアウトする前
に、いくつかラフなイ
メージ図を描いて、全体
の構図を決めます。

　使う要素は大きく分け
ると、メインビジュアル
とタイトル（見出し）、日
付や場所を示す文字情報
の3つになります。

　あれも入れたい、これ
も入れたいと要素を増や

それぞれの要素の典型的な割合

タイトル（見出し） 30%
メインビジュアル 50%
その他の情報 20%

したくなりますが、インフォグラフィックスをつくる段階で、情報の整理をしておかなければなりません。

メインビジュアルが50％、タイトル（見出し）30％、その他の情報20％の大きさの比率ぐらいが王道の割合です。

ステップ3　文字のバランスや目を引く色使いを考える

メインに写真を使うならば背景は白が基本です。

情報は、箇条書きであればゴシック体で表記すると見やすくなります。太さは、文字の大きさを見て調整しましょう。あまり細いと見づらいので、プリントアウトできるのであれば確認しながら調整作業をします。

メインビジュアルにイラスト（線画）を使用するならば、思い切って背景はブルーの1色にしたり、野菜をイメージし

文字の大小・太細のバランス

多くの人は重要度の高い文字に右上の「大きくて太い」、重要度の低い文字に左下の「小さくて細い」書体を選びがちです。しかし、バランスによっては、目立たせるためにあえて右下の「大きくて細い」、小さくてもしっかり情報を伝えるために左上の「小さくて太い」が有効な場合があります。正解は時と場合ですが、選択の余地はたくさんあるというのが書体選びの面白いところです。

てグリーンを使ったり、インパクトを狙うなら真っ赤のバックを使うという選択肢もあります。

　ナチュラル感を演出するなら、背景にモノトーンの写真や、薄く色を飛ばした画像を配置することでマルシェのイメージを演出することができます。

　それらを勘案して私がつくった案がA〜C案になります。

A
アイキャッチとなるメインビジュアルをど真ん中に配置し、他のビジュアル要素や文字情報の存在感を適度に消しました。

B
同様にメインビジュアルを大、タイトルを中、その他は小で配置。野菜以外のビジュアル要素についても、野菜の存在感を邪魔しない程度にアピールし、賑やかさを出したところがAとの違いです。

C
背景にモノトーンの画像を配置して、マーケットのイメージを表現しました。そのイメージを壊さず、かつ強調するために、タイトル以外の情報を極力抑えました。

D
これはよくある失敗例。チラシや広告などでいくつかの情報を人に伝える際、その優先順位を考えるという大前提があります。それによって訴求したりしなかったりするからです。このD案については、すべての要素をほぼ同格に扱っているため、優先順位がありません。これでは、本当に受け手に伝えるべきメッセージが届きません。

E
A案の地の色を反転させると、受け手の印象も変わるはずです。カラーバリエーションを出すのはそれほど手間ではないので、いくつか検討したいところです。ちなみに、書店で並んでいる本は白地が多いですが、それゆえに黒地の本は目立ちます。

F
ウェブサイトや電車の中吊り広告などで見かける横構図です。縦型のビジュアル要素は、横構図だと小さくなってしまいます。相対的に文字情報の比率が上がります。だからといって、文字が多すぎると人は読む気をなくします。端的に伝えられるような文字量にするなど、読ませる工夫が必要になります。

第2部 グラフィックレコードの基本型を覚えよう　111

2 - 8
やってみよう！
1冊の書籍の内容を1枚で表現する

1冊の本を1枚の紙にまとめるメリット

　せっかく本を読んだからには、その内容や教えを深く理解し、自分の血肉にしたいと誰もが思うはずです。

　しかし、実際には読んでいてなかなか頭に入ってこなかったり、せっかく得た知識も数日で忘れ去ってしまうことがよくあります。これでは金銭的にも時間的にももったいないことです。

　そこで活用していただきたいのがグラフィックレコードで

す。たった1枚の紙に本の内容をまとめるだけで、次のようなメリットがあるからです。

◎内容や全体像への理解が深まる。
◎文章で表現しづらいことでも端的にまとめられる。
◎いつでもすぐに本の内容を思い出す（復習する）ことができる。

これらは自分が内容を理解することはもちろん、他人に内容を伝える際の資料としても役立ちます。

本の内容を描くときの5つのコツ

家や部屋の中を整理整頓する際、これは毎日使う重要なモノ、これは飾るモノ、こっちは必要なときに使うモノというように、自分なりの軸をつくるとメリハリのあるレイアウトができるものです。一方、すべてごちゃごちゃにしておくと、いつも何かを探している状況が生まれてしまいます。

本の中身も同じように、1冊の中には多くの要素が入っています。したがって、グラフィックレコードをする際にも取捨選択のための軸が必要になってきます。

個別の本によってその軸の種類や数は変わってくるはずですが、私は次の5つをその軸（コツ）として実践しています。

①どんな人が書いているのか？（著者）
②何を（何・誰のために）書いた本なのか？（目的）
③どのような内容か？（構成）

第2部　グラフィックレコードの基本型を覚えよう　113

④所感(評論・感想)
⑤まとめ(読者として受け取ったことや、著者が一番言いたかったことを、できるだけ一言で)

本の内容理解と読者の感想

　本の内容をまとめる際には2つの方向性があります。1つは、あらすじ、ダイジェスト的なまとめ方。もう1つは自分の感想を中心にしたまとめ方。

　どちらが良い悪いということはありませんし、どちらかに偏る必要も、あるいはバランスをとる必要もありません。自分が忘れたくない、あるいは他人に伝えたい要素をまとめましょう。

本から受ける印象というのは、人によって千差万別であり、正解はないからです。また、評価が高いベストセラーだからといって、ありがたがって読む必要もありません。読者として反論や疑問が出ることは健全な読書の姿勢といえます。

　もちろん、本の内容をできるだけフラットに記録しようとする姿勢が悪いわけではありませんが、客観的にとらえることには個人のバランス感覚が多分に影響することは忘れないでおきましょう。

どんな言葉を抜き出すべきか？

　本から気になる文言を引き出す場合、拾い上げた文言の細かな内容までは書き込まないでください。文章が長いとすぐに理解できませんし、その文章に対する補足説明も必要になる場合があり、とても１枚でまとめきれなくなります。

　また、筆者の意図を抽出する場合は、印象的な言葉やパンチラインを抜き出すというのは１つの方法ではありますが、リスクがあります。それを基準にしてしまうと、グラフィックレコード内の要素にばらつきが出て、まとまりが悪くなるからです。

　５つのコツの②「何を（何・誰のために）書いた本なのか？」と③「どのような内容か？」の答えを追うようにすれば、抜き出す要素にまとまりが生まれます。

　自分の感想を記入する場合は、吹き出しの形を工夫するなど、本の内容と差別化した形で表現すると、あとで見返したときに混乱しません。

第２部　グラフィックレコードの基本型を覚えよう　115

サンプル 『バカの壁』（養老孟司、新潮新書）

参考までに、2003年のベストセラー『バカの壁』（新潮新書）を読んで私がまとめたグラフィックレコードをご紹介します。

先にあげた①〜⑤の要素をまとめるために、次のような準備作業をしました。

①著者の経歴や、紹介文の中から抜き出す。

②本の「タイトル」や「解説」「はじめに」「あとがき」の中などから本を書いたきっかけ、動機、目的を探して抜き出す。

③本を著者と会話するように読みながら、気に入った言葉（できれば大事だと思うところ）をすべて抜き出す。

④上の③とおなじように、賛同できる意見、まったく理解できなかったところ、新しく知ったことを抜き出す。できれば、自分のコメントを付しておく。

⑤そのために著者が伝えたいと思える太文字や言葉すべてを抜き出す。

私は、本を読んだあとにこれらを行いましたが、その本を読みながら抜き出し作業をしてもかまいません。

また、抜き出し作業を省略して、本を読みながらマーカーや、傍線を本に直接引いたり、本の余白に感想、コメント、疑問を書いたりしてもいいのではないでしょうか。

時間がないときは、抜き出し作業のためのペーパーやノートをつくる必要はありません。

もちろん、③〜⑤に正解はありません。テストではないのですから。人それぞれ違っていいのです。またそれが当たり前です。そのときのあなたの考え、感じたことをグラフィック化すればいいのです。

　昔読んだ本を再読することもあるでしょう。

　歳をとり、経験を重ねれば同じ本でも読み方や理解は変わってきます。そのときは昔の書き込みにさらに、あなたの今感じたことを書き込みましょう。そして昔つくったグラフィックレコードを眺めながら新しいグラフィックレコードをつくりましょう。

　そうして書き込みをした本と2枚のグラフィックレコードは、あなたの貴重な人生の記録となり、宝となるはずです。

ラフを描いてみよう

　グラフィックレコードづくりに馴れてくれば、はじめは難しかった言葉からイメージへの変換がスムーズにできます。最初から本番描きができるはずです。

　しかし、初心者の場合はどのようにまとめてみるかを、簡単でかまいませんのでラフを描いてイメージしてみましょう。

　グラフィックレコードのフォーマットのうち、どれを使えば一番きれいにまとまるか、紙の向きを縦と横のどちらにすべきかを確認します。私は次ページの3パターンのラフを描いてみました。

　ちなみに、5つの要素のうち、どこから描いてもかまいませんが、最初に本のタイトルや著者のイメージを中心的存在

第2部　グラフィックレコードの基本型を覚えよう　117

として描くと、全体像が見えやすくなります（著者の容姿がわからない場合はシルエットや書籍の装丁でもOK）。

ランダム式

放射式

ステップ式

どのようにまとめてみるかを、簡単な下書き、ラフをいくつか書いてみましょう。その中から、一番しっくりくる形を選んでください。

　これらのラフを描いたうえで、私はランダム式を採用して右ページのようにまとめました。

第2部　グラフィックレコードの基本型を覚えよう

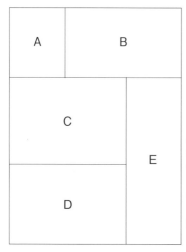

A
著者の似顔絵などは、描ける範囲で構いません。シルエットでも十分です。また、著者の経歴やバックボーンについても、文字やビジュアルで補足すると、人物像がより具体的になりますし、顔を公表していない著者を描く場合のヒントになります。

B
人物同様、タイトルを明確にし（カラーで表現するなど）、本が一番伝えたいことや、あるいは読者として一番印象に残ったことを1文にしてそえました。「バカの壁とは理解の相違である」と読み取った私は、「わかっているという怖さ」という言葉で表現しました。これはレビューや書評の見出しのような役割を意識しています。ちなみに、男女のイラストは「だからこそ相互理解が大切」という感想を表しています。

C
本文に出てくる「話せばわかるはウソ」について対話式のイラストで説明。Eの男女の意識の違いにつなげています。

D
医学博士の著者は、y=ax という公式を用いてバカの壁を分析しており、読者としてとても腑に落ちました。

E
バカの壁を図解説明。男女の受け入れ方の違いをそれぞれ描き分け、壁とは何か、受け入れの違いとは何かを端的に解説しています。

2 - 9
やってみよう!
1回の講義の内容を1枚で表現する

紙1枚への要約力は幅広く応用できる

前節で解説した本の内容を1枚のグラフィックレコードでまとめる方法は、さまざまなことに応用できます。

たとえば、束になっているような膨大な資料をプレゼン用に1枚にまとめたり、他人のスピーチの内容を1枚にまとめたり、自分がスピーチする場合は話す内容をグラフィックレコードでまとめ、メモとして活用することもできます。

具体的な例として、マイケル・サンデル教授が東京大学で行った「日本で正義の話をしよう」のディベートについてグラフィックレコードしてみました。

コツについては、前節の本のケースとほぼ同じですが、復習を兼ねて再度記しておきます。

5つのコツ
①どんな人が講演(プレゼン)しているのか?
②何を(何・誰のために)行なったプレゼンなのか?(目的)
③どのような内容か?(構成)
④所感(評論・感想)
⑤まとめ(聞き手が受け取ったことや、講師が一番言いたかった

ことを、できるだけ一言で)

サンプル：「日本で正義の話をしよう」

　マイケル・サンデル教授の講演「日本で正義の話をしよう」は東京大学の学生とディベートを行う様子を収録したNHKによるドキュメンタリー映像です。

　ディベートのテーマは「イチローの年俸は高すぎる？」です。

　マイケル・サンデル教授のレクチャーに対して、学生たちがどう考えるかをリレー形式で行うディベートの様子が描かれています。

　私はこの内容を5つのコツを使ってランダム式のフォーマットで描き出すことからはじめました。

①マイケル・サンデル、ハーバード大学教授。

②ハーバード白熱教室＠東京大学「日本で正義の話をしよう」という講演。

③東大の学生に3つの正義を掲げ、いくつかの題材についてディベートを行った。

④正義とは何か？　その答えを導き出すことではなく議論することが大切である。

⑤日本人はあまりディベートが得意でないと聞いていたが、しっかりと議論ができ、大いに成果を見ることができた。

　みなさんもお聞きになった講演や仕事の打ち合わせなどの内容を1枚にまとめてみてください。それを積み重ねることであなたのグラレコ能力は格段に高まります。

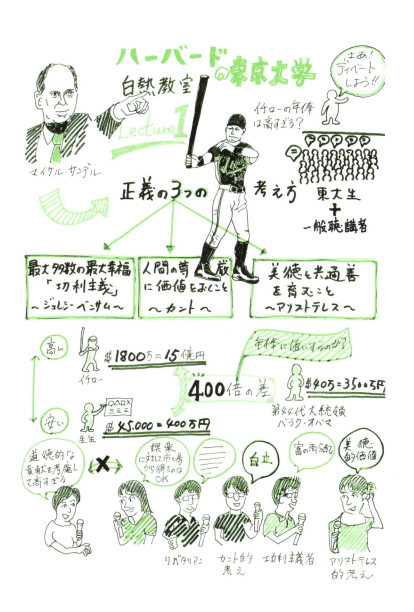

第2部　グラフィックレコードの基本型を覚えよう

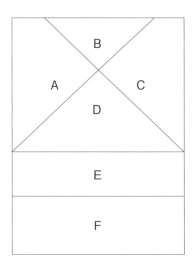

A
左上から注目するという人間の自然な視線の流れを考慮して、写真などを参考にしながら、アイキャッチとなるイラストを配置しました。肖像画のような静的なものより、個人のイメージを表現できる躍動感があるカットのほうが望ましいでしょう。

B
タイトルも目立たせます。この講義はイチローの年俸の話からスタートしたため、マイケル・サンデル同様、アイキャッチとしてイチローの象徴的なポーズを入れました。

C
教授と学生一般聴取生という図式を書いて、講義やディベートがどんな形式で行われているのかを簡略化して示しました。

D
マイケル・サンデルが語る正義の3つの考え方。学生の思考や意見を分類するための要素として重要だと感じたため記しました。

E
題材を具体的にひもといているフェーズです。数字は大きな関心事ですので、イチロー、先生、大統領の収入を具体的な数字で示し、リアルな現状を浮き彫りにしました。この数字を手がかりに、彼らの社会に対する貢献度を考えるなど、思考の幅が広がります。

F
実際の学生によるディベートの様子を似顔絵で表現。それぞれの発言者の会話が、マイケル・サンデルによって分類されます。すべてを列挙することは難しいので、Dの3つの考え方の分類に基づき象徴的な意見をまとめています。

2 - 10

やってみよう!
グラレコ練習に最適のタイムスケジュール

　私の講座ではグラレコの練習の一環として、タイムテーブルを描いてもらいます。なぜなら、時間軸で行動する自分中心の思考はとても描きやすいからです。抽象的な概念とか、わからない単語をグラレコするのとは違い、自分が過ごしてきた時間を一つひとつ思い出すのは容易です。

　朝ベッドから起き上がり、トイレに行くか顔を洗うか……といった時系列にこだわる必要はありません。描きやすいところからペンを入れて、1日の行動を記録してみましょう。

受講生が描いたタイムテーブルです。他人のものを聞いたり描いたりするのとは違い、自分のタイムテーブル作成は1人で自己完結できるので、グラフィックレコードの独学において最適な題材です。

第2部　グラフィックレコードの基本型を覚えよう　125

Time Schedule

とある1日を描き出してみよう!!

※上段には行動を描き出す

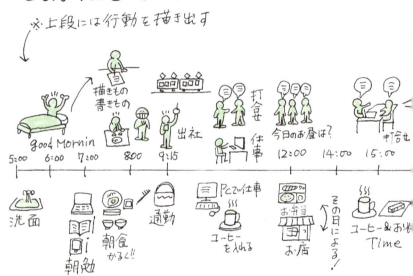

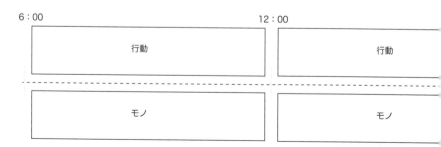

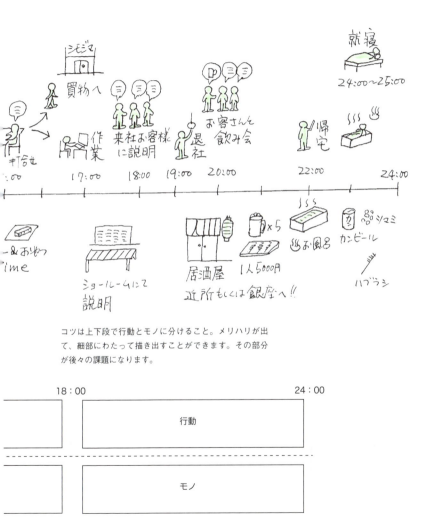

コツは上下段で行動とモノに分けること。メリハリが出て、細部にわたって描き出すことができます。その部分が後々の課題になります。

18：00		24：00
	行動	
	モノ	

第2部　グラフィックレコードの基本型を覚えよう

第3部

GRAPHIC RECORD

絵心がなくても描ける！
○△□イラスト講座

3 - 1
言語表現からイメージ表現への
変換能力を高めるレッスン

日常を見渡すと、ビジュアル化がいかに便利かわかる

　第3部の4節以降、グラフィックレコードに必要な、イラストを描く方法について具体的に解説していきますが、その前にイラストを描くことの苦手意識について考えてみましょう。

　私たちの日常生活の中には、文字より形の方が圧倒的に多く存在しています。ビルや車、食卓テーブルから食器や衣類まで、空間に存在しているモノすべてが形でできています。視覚から得られる情報のほとんどが、文字よりも形なのです。

　一歩外に出て辺りを見渡せば、交通標識も、すべてピクトグラムという絵文字で表示されています。いちいち「二輪の自動車原動機付自転車通行止め」「学校・幼稚園・保育所などあり」などと文字で書かれているよりも、直感的にすぐに理解できます。

　さらにそこに短い文字が補足されていれば、理解はより深まります。みなさんが着ている洋服の洗濯表示タグのドライマークなども、必ず図と文字の併記で表示されています。

　メールやLINEにおけるアスキーアートやスタンプであれば、感情を伝えることもできます。

　このように見える化することは非常に便利で、そのメリットを誰もが実感するところです。では、なぜ議論の内容をホワイトボードに板書するとき、文字だけなのでしょう。グラフィックレコーディングのように、イラストを使ったほうが理解しやすいはずです。

苦手意識があるといってしまえばそれまでですが、幼少期のころは絵を描くことが楽しいと感じていた人は多いはずです。

日常は物であふれている

　一歩外に出ると、文字情報は圧倒的に少なく、目印となるものは大きな木のある公園や角のコンビニをといったように、造形を頭の中に浮かべて場所の特定をすることもしばしばです。

　看板も文字で書かれているものは、極端に少なく、ビルの屋上に設置されている大型看板も写真や企業マークがほとんどで、立ち止まって読む広告は、電車の中吊りや、駅ナカポスターぐらいに限定されてきます。日常で目にしている造形ですが、いざ表現しようとすると書けないのが実情です。

その理由は単に描こうとしないだけです。言葉や文字で、コンビニと書けば、それで十分だからです。言語は便利な分、余計な説明を加えないと理解されない現象も起こりえます。日常目にしているモノを、記憶してどのような形でどのような色をしているのか改めて注視すると、グラフィックレコードという新しい視点が広がってきます。グラレコの第一歩です。

苦手意識の原因

　私たちは言葉がうまく操れない幼少期ぐらいまでは、文字よりも絵のほうがスラスラと描けたはずです。決して上手と

大人になると、言葉を覚え言語スキルが上がっていくので、絵＝幼稚、文章＝大人の構図に切り替わってしまう。

レポートです

提出はこっち！

言語スキル

パパ描いた！

絵画スキル

うまいうまい！

高

↑

スキル

↓

低

0　5　10　15　20　25

小さいうちは言語より、絵の表現に長けている。

第3部　絵心がなくても描ける！○△□イラスト講座　133

はいえなくても、その行為自体は楽しいものでした。

　しかし、小学校高学年くらいから、絵を描くことに苦手意識を持つ人が増えます。

　一番の原因は、言葉や文章のスキルが上がったからです。そして相対的に絵を描く機会が減り、上達が止まります。

　また、国語や算数には明確な正解や解法がありますが、絵については「自由に描きなさい」と先生に言われることが多々あったと思います。

　一見、表現の幅を広げてくれるようなアドバイスですが、いつまでも自分なりの自由な描き方以外を知らないという、真逆の結果につながります。

正しい絵の描き方とは？

　そういうものがあるかどうかはいったんここでは置いておきますが、「正しい絵の描き方」というのは教えられません。そして、上手な絵が描けない恥ずかしさから、頑なに絵画的な表現を拒んでしまうようになります。

　しかし、第3部では「正しい描き方」を詳しく解説します。誰でも伝わりやすい簡単な絵が描けるはずです。これまでは描く機会と時間がなかったことと「正しい描き方」を知らなかっただけ。それさえ克服すれば、絵を描くことへの苦手意識を払拭できるはずです。

3 - 2
描きつづけていると、自分なりのイラストのスタイルが見えてくる

苦手意識を捨てるために

　苦手意識を捨てるには、まずはいろいろ描き出してみましょう。描ける、描けないではなく描いてみよう！　と決めて描きはじめてみる。「想像から創造」です。

　参考に載せている絵を自分なりで構わないので描いてみましょう。「下手だなあ」「恥ずかしい」と考えてしまってなかなかペンが進まないかもしれませんが、そういう人は誰も見ていないところでこっそりやってみてください。

　こればかりは、挑戦した人しかわからないことですが、描きつづけていると、「しっくりする」瞬間が来ます。

　非常に抽象的でピンとこないかもしれませんが、自分なりの線の描き方というのが確かに見えてく

る瞬間が訪れるのです。

　本書の22ページで紹介した私の講座の受講生の長谷川さんは、まさにその「しっくりする」を感じた人です。

まずは見知っているものを想像だけで描く練習をしましょう。実物や写真を見て描く場合と、明らかに頭の使い方が違っていることに気づくはずです。普段イラストを描かない人が使ってこなかった、脳内の情報伝達を司るシナプスに、急に刺激が加わるような感じかもしれません。

最初のうちは、想像としたものと創造したものが似ても似つかないのは当然のことです。そもそも、頭の中に出てくる写真や映像を描こうとするのは無理。特徴をつかんで、自分のスキルの範囲内で描くことを意識してください。

「しっくりくる」とは自分なりに描きやすい、納得がいく、という感覚です。同じことの繰り返しではなく、形を変える、ペンを変える、ノートを変えるなど、変化をつけて練習してください。そうした中で、「しっくりくる」という感覚に気づくのです。

具体的にいえば、長谷川さんは顔を丸よりも四角で表現したほうが描きやすいことを発見したのです。そして、それを自らのスタイルとしました。
　その後の進化については、ご覧いただければ納得することでしょう。

迷い線の克服

　イラストを描きはじめたときに必ず出る感情が「迷い」です。正解がないからどうしていいのかわからない状態のことです。
　イラストを描いていて迷う箇所にはサインが出ます。それが迷い線です。描こうとする形に自信が持てないとき、何度も同じところをなぞり書きをしてしまいます。
　決して悪い行為ではないのですが、一度こだわりだして理

想とのギャップに気づくと、さらに自信をなくしたり、イライラしたり、描くという行為そのものがつまらなく感じるものです。

そもそも、無意識に迷い線を描いている人もいるので、その行為に気づくことも大切です。

そんなときはいったん退避してください。つまり、その形にこだわるのをやめ、まったく別のものを描くのです。

あるいは、「絶対に迷い線」を出さないと決意して、失敗しようが「次、次」と気にせずに描きつづける。

そうしているうちに、「しっくりする」と感じる線が見えてくるのです。迷わず、自分はこの表現だと決めると、線に自信が出て、結果的に上達も早くなります。

そもそもイラストは模写とは違います。むしろデフォルメしたりすることで、特徴や意図をよりわかりやすく伝えたりすることです。腕が普通の人の2倍の長さであろうが、OKなのです。

自分のスタイルを身につけるための練習

普段できるイラストの練習として、おすすめの方法があり

ます。それは、「思い出して描く」です。

見本を見て描かないぶん、自分の頭の中でイメージを描くことになるので、最初のうちは実物とは似ても似つかないものになる可能性は高いでしょう。しかし、だからこそ、自分なりのスタイルを獲得しやすいともいえます。

ただ、いきなり人物の顔や複雑な情景を描くのはハードルが高すぎるので、最初は町中にあるピクトグラムなどを題材にしてください。

たとえば、日常で最近どこにでもある Wi-Fi のマークを描くことはできますか？　普段よく見ているマークですが、曖昧にしか思い出せないことはよくあります。それでも、そのイメージを思い出して描いてみてください。

簡単なマークが描けるようになると、日常の中に溢れているピクトグラムが気になり出してきます。それをよく見て記

思い出して描くとは？

憶してから、あとでイメージを描くのです。

仮に形が全然違っていてもがっかりする必要はありません。それこそがあなたのスタイルなのですから。

それに、グラフィックレコードは相手にわかりやすく伝えるスキルです。

Wi-Fiの電波の数が1本足りなかろうが、Wi-Fiという文字を入れ忘れようが、それがWi-Fiだと相手に伝わるならばOKなのです。

自宅の前の標識は？

バス停のベンチはどんな形状？

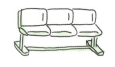

3 - 3
やってみよう！
5秒ルールで付箋イラストに挑戦

　私がグラフィックレコードを教えているグラレコ講座で行っている瞬発力を鍛えるワークを紹介します。

　それは私が出した20のイラストのお題を付箋に描いてもらうのですが、1つのイラストにつき5秒という制限時間があるところが特徴です。

　たとえば、私が「鳥」と言ったら、神経を集中して、7.5センチ四方の付箋に、5秒以内で描きます。頭で考えていると5秒はあっという間にすぎるので、考える前に指先を動かさなければなりません。

　非常に難度の高いワークと感じるかもしれません。しかし、生徒のみなさんにやっていただくと、「意外とできた」とおっしゃいます。参加者の中には、5秒以内に描き終わり、次のお題に備える余裕を持つ方

も出てきます。そして繰り返すうちに馴れてきて、だんだんとイラストのクオリティも上がっていきます。

ペンは描きやすいものを選ぶ

実は短い時間制限があることで、「上手に描かなければ」といった迷いなどの細かな情報が端折られるので、逆にわかりやすく簡単明瞭なイラストが描ける効果があります。

1人でできるワークではないので、他の誰かに指で数えてもらったり、ストップウォッチを使って時間をはかってもらってください。

会議などでグラフィックレコードをするときは、どんなイラストを描こうかなどと悩んでいる暇はそうそうありません。議論に遅れないように、パッと思いついたものを的確に描かなければなりません。そのためのおすすめのワークです。

お題

親子	鳥	猫	船	ビル
ニコニコ	しくしく	ワハハ	ムカ！	あ！
森	南の島	波	富士山	温泉
ゆらゆら	ふわふわ	キラキラ	パキッ	ザラザラ

1行目は形を想像できるもの、2行目は表情、3行目は情景が浮かびやすいもの、4行目は形のない音やイメージで問題を出しました。

生徒が描いたイラスト

1〜2枚目はぎこちなさがありますが、3枚目から一気にふっきれているのがわかります。

事前に表情の練習をしていたのでさっと描いています。4行目の形のないものについては苦戦している様子。

第3部　絵心がなくても描ける！○△□イラスト講座

3 - 4
やってみよう！
○だけで描くイラスト

　さて、苦手意識克服に関してはこれくらいにして、ここからは具体的な描き方について解説していきます。

　イラストの練習で一番とっかかりやすいのが、○△□の形のみで描く練習です。この３つの形であれば、描けないという人はいないでしょう。そして、この３つの形があれば、森羅万象、あらゆるものを表現できるようになります。そう考えると、イラストに対してとてもハードルが低く感じますよね。

　まずは、○だけを使ったイラストの描き方を解説します。○で描きやすいものといえば果物があります。○の中に模様を入れたり、少し形を歪ませるなど、さまざまなバリエーションがあります。

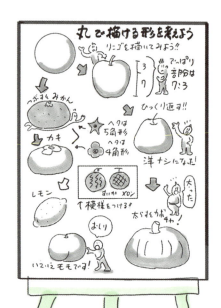

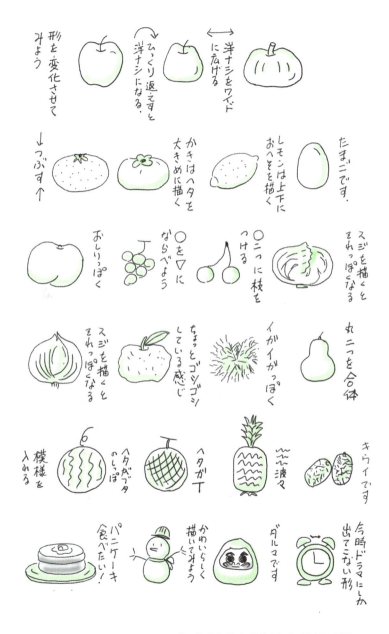

第3部 絵心がなくても描ける！○△□イラスト講座

家庭にあるモノたち

ポットやお皿、グラスなど身近にあるモノを描いてみよう。

五角形と六角形の集合体
だ円に模様をつける
ガラスを／の二枚になる
ゲットだぜ！

ひっくり返すとクラゲになる

← 金魚鉢を横にするとマンボーになった →

釣りのウキ
ルアーはフックを付けよう
ドーナツ＆浮き輪
地球儀は家にあるかな？

ハンバーガーもハンバーグも
ダンゴもタコヤキも
ピザもせんべいも

↕ こんなのもイル

5円
50円

3-5
やってみよう！
△だけで描くイラスト

　△に落とし込めるものはどのようなものがあるか、想像してみましょう。イチゴ、おにぎり、たけのこ……。食べ物だけでなく、ピラミッドや山も描けますね。

　あまり複雑にイメージをとらえずに、△というフィルターを通してできるだけ簡略化させられないかを考えてみてください。

形を変化させて・描いてみよう

 伸ばす もっと伸す

 とうもろこしです

食べものから探してみよう

おにぎりはのり付きで！

 タケノコです

 △の集合が○になる カットチーズ

秋になったら探しに行こう

 閉じても 開いても   意外と気がつかない身近な形

 夏になると海に行きたくなる 工事現場で見かける形

第3部 絵心がなくても描ける！〇△□イラスト講座

3 - 6
やってみよう！
□だけで描くイラスト

　身の回りにある机や椅子、モニターなど、仕事環境にある多くのものが、四角い形がベースにつくられています。スマートフォンやテレビなど、日常生活に近いものもそうですね。人間がつくり出すものの多くが、□がベースになっているのです。

　□の形は、基本の形に少しパース（遠近）をつけてあげると、簡単に立体的に見せることができるので、表現の幅を広げやすい形といえます。

第3部 絵心がなくても描ける！○△□イラスト講座

3 - 7
やってみよう!
○△□の組み合わせで描くイラスト

　○△□のそれぞれでイラストを描いたところで、今度は組み合わせて表現できるものを探してみましょう。

　人間の姿も容易に表現できるようになります。また性別や大人、子どもも、この３つの形で描き分けることができます。

　○△□のイラストは、ノートでも、手帳の端でも、すきま時間に描いてみてください。

　らくがき帳を専門に用意するのもいいかもしれませんね。ぜひ挑戦してみてください。

3つの形で描ける形

あまり使わない 天秤

道祖ネコ

形をよく見ると ○△□でできている モノが多い

サインはシンプルな ○△を使っている

これだけで自転車

形を探してオリジナルの絵を描こう

都会の中にも潜んでいる

開ける前に観察しよう

最近使わないマッチ

カマボコです

□が多い

スリッパです

難しく考えないでシンプルに描く

矢印が既に△と□

組合せて造型を作る

複雑ですが組合せを考えて描いてみよう

遊具はどんな形か観察してみよう

3 - 8
やってみよう！
伝わりやすい表情の描き方

　おそらくグラフィックレコードをしていて一番描くことが多いのが人間、そしてその表情です。

　表情は人の感情を伝える重要なパーツになります。表情や仕草をオーバー気味くらいを意識して描くと、個性や感情が生まれやすくなります。

　次ページからは、記号的なものから、少し写実的なものまで表情をまとめてみました。性別の描き分けについても解説していますので参考にしてみてください。

第3部　絵心がなくても描ける！○△□イラスト講座　155

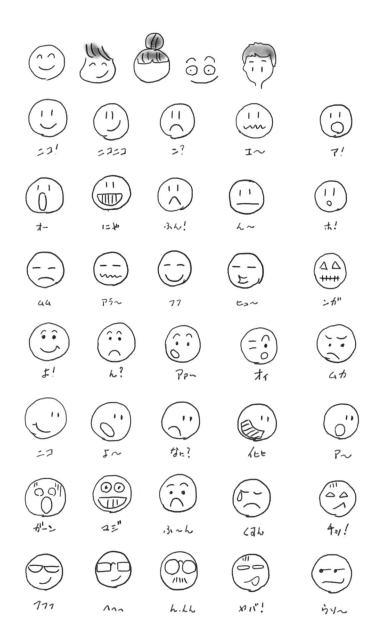

男性は髪の毛を短かめに描くと良い

帽子を被ると個性が出る

女性を描くコツは、髪型を作ってあげると良い

若い女性と年配を描き分けるのも髪型で決まる。

写真や映像を見ながら人物を描いてみよう。

3 - 9
やってみよう！
伝わりやすい全身の描き方

　次は○△□から離れて、人間の全身を描いてみましょう。
　スタートは丸い頭に木の枝を描くように体も手も足もただ
の線で描いた棒人間で OK です。この棒人間を少しずつ変化
させ、肉付けすることによってより人間らしくしていきます。
　上手・下手はあまり意識せず、短時間で描けるレベルのも
のをたくさん描いてくだ
さい。イラストは描き込
めばそれなりにうまく見
えてくるものですが、時
間をかけてはグラフィッ
クレコードはできません。
　ダルマさんの形に目鼻
口、手が伸びて足がニョ
キッと生えている状態で
十分です。ボウリングの
ピンに手足があってもい
いのです。
　繰り返しスピードをつ
けて描いていると、頭で
考える前に手が勝手に動

第3部　絵心がなくても描ける！○△□イラスト講座　159

くようになります。そうなるまで続けてみてください。

　はじめは丸と三角でつくる頭と体の関係を、「もう少し、オリジナルの人間に近づけよう」「もう少しバランスを整えよう」と変化をつけていくと 10 人、20 人と描いていくうちに、自分なりの人間が描けるようになります。

失敗を気にせず手足に動きを付けてみよう.

初めはフレームで人物を描くと、動きを描けるようになる.

少しずつボディーを、手足をつける.

フレームに肉付けをすると、より人物らしく近づく　〇＋口で考える

体の動きに合わせて表情を付けたもの

自分でも手や足を動かしてみる

歩く時は手と足の左右は前後逆になる

キースヘリングのキャラクターのように！一本の線で描いてみよう

イラストは少しオーバーアクションぎみが良い

わかりやすくオーバーぎみに

髪型を女の子にして、カワイイキャラクターを描いてみよう。

表情と動きを組合せて、描いていく

女性の動きを観察して動きに取り入れよう

10人20人描くと、イメージが持てるようになります

少し描けるようになったら、上半身をしっかり描けるように練習しよう。

表情＋髪型＋動きを組合せる。

腕の組み方や手のしぐさは鏡を見て観察すると良い

動物もカンタンなフレームワークから。

動きも付けてみよう

飼いネコやイヌもよく見ると描けるようになります．

 動きは動画で撮って描く練習に活用しましょう

フレームだけで描く場合は特徴をとらえよう．

クマは頭小さめで！　　ゾウは大きな耳に長い鼻　　ブタは丸っこく描くと良い

まずは 🦢 な形から　　まずは 🐓 な形から　　ペンギンは、背スジを伸ばして

サメは頭が意外と大きい　PCマウスに似ているネ！　　動物は皆つま先立ちをしている

3 - 10
グラレコの流れを生み出す矢印や線の使い方

　グラフィックレコードでは、さまざまな形の矢印が使用されます。形状としては決して描くのが難しくないうえに、躍動感を出せるので、初心者にとってはありがたい要素です。

　とはいっても、やはりささっと描けるようにならないと議論に追いつくことはできませんし、その種類や用途、ペンによる印象も変わるので、工夫の余地はたくさんあります。

　線を描くのはグラフィックレコーディングの基本です。

　人の自然な腕の動きに従えば、線は横一直線に引くよりも、斜めに引いたほうがキレイに描けます。腕は弧を描くように動くためです。

　縦に線を引くときは、できるだけ腕を動かさず、手

第3部　絵心がなくても描ける！○△□イラスト講座

首だけを上下に動かして描くのがコツです。腕や手首の動きに注目して練習を重ねてみましょう。

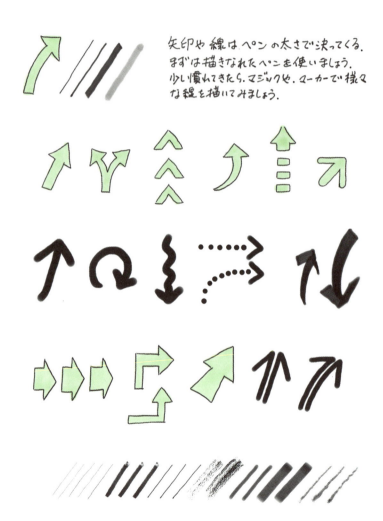

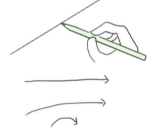

紙をナナメにして
上から下に腕ごと
動かすと、キレイに描ける

真横に線を引くと、手の
運動で湾曲してしまう

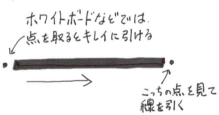

ホワイトボードなどでは、
点を取るとキレイに引ける

こっちの点を見て
線を引く

線は描き方やペンの太さで
調整ができる
いろいろなペンでためし描き
してみよう.

3 - 11
街を見渡して挑戦!
伝わりやすい建物・乗り物の描き方

　四角い形のものは人工物が多いと書きましたが、建物や乗物もそうです。いくつかの基本パターンを紹介しましょう。

　建物は四角の組み合わせだけで描けるので簡単だからこそ、「計算」をすると、より正確な描写ができます。たとえば、5階建てで30メールの建物は、1階あたり6メートルの高さになります。では、上下20センチのスペースにそれを描くとすると、1階当たり何センチくらいになるのか……と少しだけ意識するだけでも、闇雲に描く場合と比べて、高さや大きさの比率がリアルに近づき、伝わりやすいものになります。

　最初は子どもが描くような乗物の絵でかまいません。少し馴れてきたら立体的に描けるかもチャレンジしてみてください。

建てものは全体像が見えづらいので、□の組合せでイメージしてしまおう。1Fはおおよそ6m 窓5つ描けば30mのビルになる。

複雑な形も 組合せ次第

線で描くと遠くに見える街並に見える

シンボルは特徴を覚えよう

複雑な家を描くのはムリ！と思わず、□と△を組み合せて描いてみる

基本が描ければキャラクター的な家も描ける

公共の建物や工場も描き分けてみよう

お店は個性的な建物が多い

乗り物はシルエットから描きはじめよう

少し複雑だけど、□と○と△で考えれば描けるようになる

電車は電気を取る◇(パンタグラフ)を描くと伝わりやすい

車やバスはシルエットから

3 - 12
フキダシの種類を覚えると感情表現が豊かになる

　漫画の中で、キャラクターが話すシーンで使われる感情表現の吹き出しは、グラフィックレコードの中でも活用することができます。

　参加しているメンバーが、どのような感情で語っているのかを、文言とともにフキダシの形状を少し変えて描き分けるのです。

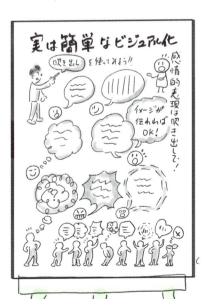

　強調したい意見はギザギザ型、とんでもないアイデアは爆弾型、和やかな雰囲気を示すなら柔らかい雲のような形など、箇条書きされた均一的な議事録では出せない場のテンションや雰囲気までも表現できるのです。

　ぜひ工夫して活用してください。

第3部　絵心がなくても描ける！○△□イラスト講座　　171

マンガの中で使われる吹き出しを活用しよう．

3 - 13
タイトル回りをカッコよく見せる
ローマ字の使い方

　かっこいい英語表記で目立たせるグラフィックレコードで表現するということは文字の箇条書きの列挙とは違い、見た目も重要視されてきます。

　常に全体の見た目を意識しながら、どのポイントを強調し、どのようなイラストを使って表現したらいいかは、あらかじめ、ポイントと造形のシミュレーションをしておくことで、スムーズに思考をビジュアル化へと移行できるようになります。

　カテゴリーの見出しを英語表記にすることで、見栄えをよくすることができます。また、地域や、名前をあえてローマ字表記することで、表記を差別化できます。

　使える英単語を20ワードぐらい常時用意し、

カテゴリーの区分や、インパクトを与えるポイントに使うと表現の幅が広がり、見た目のタイトルやカテゴリー分けに締まりが出てきます。

　書体などにもこだわることができ、使いこなせれば、あなたはグラレコ上級者です。

見出しや巻頭に使えそうな単語　　　　国や地域はローマ字表記で

Title
key word
STAGE
How mach
work shop
Other

Japan
Tokyo
OSAKA
kyoto
Hukuoka

For exsmple
By the wey
Only 1
Farst!

JAPAN
STAGE II

JAPAN
No,1

Work Shop

What's think about Today

SEASON
2020.8
Information

3 - 14
使える共通認識
グラフィックスを探す

　グラフィックレコードを行う際に、言葉と同様に複数の意味を持つグラフィックが存在します。

　グラフィック表現の中には、絵自体が本来の意味より多くの異なるイメージワードを含んでいるものがあります。いくつか使えるグラフィックを覚えておくだけで、事例を紹介するときによりわかりやすく解説を行うことができます。

　道を歩いていたりして気づいたものは、持参のらくがき帳にすぐに描き写しましょう。そうすれば忘れることはありません。

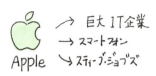
Apple
→ 巨大IT企業
→ スマートフォン
↘ スティーブ・ジョブズ

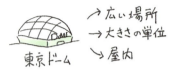
東京ドーム
→ 広い場所
→ 大きさの単位
↘ 屋内

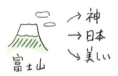
富士山
→ 神
→ 日本
↘ 美しい

→ 電球
→ ひらめきIcon
↘ 発案者

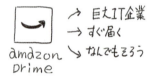
amazon Prime
→ 巨大IT企業
→ すぐ届く
↘ なんでもそろう

SECOM
→ 安全
→ 警備
↘ 長嶋茂雄

氷山の一角
→ 潜在能力
→ 全体の一部
↘ 隠し事が多い

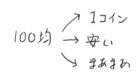
100均
→ 1コイン
→ 安い
↘ まあまあ

alexa
→ 買物代行
→ 会話
↘ AI

STARBUCKS COFFEE
→ セカンドオフィス
→ おいしいコーヒー
↘ おしゃれカフェ

3 - 15
やってみよう！
ストーリーの見える化のレッスン

　私のグラレコ講座では、次のお題についてグラフィックレコードをしていただきます。本書の冒頭で、受講生の長谷川さんと石川さんが行ったものです。

　次のストーリーを4つの場面、あるいは1つの場面でわかりやすく見える化するためのワークです。ここまで学んできたことを駆使して、ぜひ挑戦してみてください。

> ストーリー
> 外国人の家族（3人連れ）が、大きなスーツケースを引きながら道を訪ねてきました。私はスマホを取り出して、片言の英語を交え、浅草までの行き方を教えてあげました。

　まずは書かれている文章からどのような情報が抽出できるのかをみてみましょう。

①外国人の家族→外国人とわかるイラストを書こう
②大きなスーツケース→□で描けるイラストを参照しよう
③道を訪ねてきました→フキダシを使って説明しよう
④スマホ→□で描けるイラストを参照しよう

第3部　絵心がなくても描ける！○△□イラスト講座　177

⑤片言の英語→フキダシを使って説明しよう
⑥浅草の行き方→図解もしくは、共通言語を使おう
⑦教えてあげました→フキダシを使って説明しよう

　では、上記7つの要素を4コマストーリーにしてみましょう。説明文は極力省くことを意識してください。もちろん、それが効果的であると判断すれば「ト書き」を入れても OK です。以下はサンプルになります。ぜひ、参考にして挑戦してみてください。

出会いのシーンは俯瞰で表現すると全体のイメージが掴めます。全体像の中で、私は日本人、3人の旅行者は外国人。外国人の表現としては、鼻が高い、TシャツにUSA、吹き出しがカタカナ、など下手な表現のほうがわかりやすく伝わります。

尋ねられた日本人が、どのように浅草行きを調べるのか？　このシーンでは、地図は描かず「OK! Google!」で済ませています。細かいことを描かなくても、その一言は「何かを尋ねる」という共通言語ですので、意図が十分伝わります。

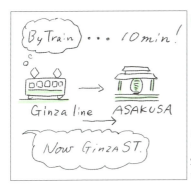

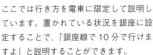
ここでは行き方を電車に限定して説明しています。置かれている状況を銀座に設定することで、「銀座線で10分で行けますよ」と説明することができます。

最後は俯瞰に戻り、お互いの別れのシーンになります。俯瞰→拡大→説明(イメージ図)→俯瞰という流れで伝えてきましたが、正解があるわけではありません。わかりやすい説明ができる構図や順番を考えてみましょう。

描き込まず、このくらいのラフなイラストでも、意図が伝われば全然OKです。

第3部　絵心がなくても描ける！○△□イラスト講座　179

次に、このストーリーを1つのコマで表現してみましょう。複数のコマを使うと説明的に表現できるので、意図を伝えやすいのですが、1コマだと入れられる要素が限られます。それでも、意図がわかるようにしなければなりません。

　ホワイトボードに描き込むといったスピードが要求される場面では、情報を取捨選択して、端的にまとめるスキルが要求されます。以下はサンプルです。

参考文献

『バカの壁』養老孟司・著、新潮新書

『ファシリテーション・グラフィック』堀公俊、加藤彰・著、日本
経済新聞出版社

『グラフィックレコーダー』清水淳子・著、ビー・エヌ・エヌ新社

『図で考える。シンプルになる』櫻田潤・著、ダイヤモンド社

『描きながら考える力』サニー・ブラウン・著、壁谷さくら・訳、
クロスメディア・パブリッシング

『クリエイティブ・マインドセット』トム・ケリー、デイヴィッド・
ケリー・著、千葉敏生訳、日経 BP 社

『ビジュアル・ミーティング』デビッド・シベット・著、堀公俊・監訳、
朝日新聞出版

『VISUAL THINKING』ウィリーマイン・ブランド・著、遠藤康子・
訳、ビー・エヌ・エヌ新社

渡邉俊博

1967年、東京都生まれ。東京藝術大学美術学部デザイン科卒業。大学院を出たのち、大手建築会社の技術開発部空間デザイン室に配属され、都市開発プランニングなどの数百億円規模の仕事に従事。花形部署ではあったものの、自分の個性を発揮できる環境とはほど遠く、3年で退職。その後フリーランスを経て、現在はカッティングシートの開発や空間デザイン等を設計する株式会社中川ケミカルでチーフデザイナーとして活躍。

イラストや図表を使って説明すると場が和み、意図がうまく伝わることから、「議論の見える化」の力を実感し、ビジネスにおいて積極的にグラフィックレコードを取り入れている。定期的に開催されるグラレコ講座でその知識やスキルを伝えており、好評を得ている。

著者ホームページ
https://www.wata.tokyo/

考えを
整理する・伝える技術
グラフィックレコード

2019年 8月5日　初版発行

著　者　　　渡邉俊博
発行者　　　太田　宏
発行所　　　フォレスト出版株式会社
〒162-0824
東京都新宿区揚場町2-18　白宝ビル5F
電話　　　　03-5229-5750（営業）
　　　　　　03-5229-5757（編集）
URL　　　　http://www.forestpub.co.jp
印刷・製本　中央精版印刷株式会社
©Toshihiro Watanabe 2019
ISBN978-4-86680-044-8　Printed in Japan
乱丁・落丁本はお取り替えいたします。

イラスト・図解多数で見ているだけで楽しい！

読書猿の
ベストセラーシリーズ

どんな時でも誰にでも、
必ず"！"が降りてくる

アイデア大全
創造力とブレイクスルーを
生み出す42のツール

1700円(税抜)

未来を作る知恵と方法の道具箱

問題解決大全
ビジネスや人生のハードルを
乗り越える37のツール

1800円(税抜)